ZEITEN und MENSCHEN

Schüleraufgaben mit Pfiff

Band 1

Arbeitsheft

Herausgegeben von:

Hans-Jürgen Lendzian
und
Wolfgang Mattes

Autoren:

Ulrich Bröhenhorst,
Axel Jürgens,
Christoph Andreas Marx,
Wolfgang Mattes

Best.-Nr. 034543 7

Schöningh

Bildquellenverzeichnis

Jon und Anne Abbott: S. 23 u.l.; Ägyptisches Museum, Kairo: S. 23 u.r.; Archiv für Kunst und Geschichte, Berlin: S. 31 l., S. 38; Arenok / P. Landmann, Paris: S. 3 o.; Badisches Landesmuseum, Karlsruhe: S. 48 u.l.; C. Bevilacqua, Mailand: S. 35; Bildarchiv Preußischer Kulturbesitz, Berlin: S. 3 M., S. 23 o.l. (Margarete Büsing), S. 31 r., S. 44 o.; British Museum, London: S. 18/Nr. 1 und 3; dpa: S. 29 r; Kestner-Museum, Hannover (Foto: Michael Lindner): S. 16; Lotos-Film, Kaufbeuren: S. 23 o.r.; Louvre, Paris: S. 48 o.; Bildarchiv Foto Marburg: S. 48 u.r.; Museo Nazionale, Neapel: S. 39; Museum für Vor- und Frühgeschichte, Berlin: S. 13 M.l.; Reiss-Museum, Mannheim: S. 10 u.l.; Rheinisches Landesmuseum, Trier: S. 47 u.r.; Dirk Riebeck, Die Dinosaurier – Wie sie wirklich waren, Berlin 1984: S. 6 M., S. 8; Roemer- und Pelizaeus-Museum, Hildesheim: S. 9 l., S. 10 u.r., S. 11, S. 23 u.M.; Römermuseum Augst: S. 40; Römisch-Germanisches Zentralmuseum – Forschungsinstitut für Vor- und Frühgeschichte / Forschungsbereich Altsteinzeit: S. 13 M.r.; Illustration von Johannes-Christian Rost; in Klaus-Peter Creamer / Johannes-Christian Rost, Das Kosmos-Buch der Dinosaurier, Stuttgart (Kosmos Verlag) 1992: S. 6 o.; Scala, Florenz: S. 4, S. 45, S. 47 o.r.; Abdel Gaffar Shedid, München: S. 21; Helmut Uhlig, Berlin: S. 13 o.r.; Was ist was?, Bd. 15 – Dinosaurier, Nürnberg (Tessloff) 1999: S. 6 u.; weitere: Verlagsarchiv Schöningh.

Sollte trotz aller Bemühungen um korrekte Urheberangaben ein Irrtum unterlaufen sein, bitten wir darum, sich mit dem Verlag in Verbindung zu setzen, damit wir evtl. notwendige Korrekturen vornehmen können.

Umschlaggestaltung: Veronika Wypior

Website
www.schoeningh.de

E-Mail
info@schoeningh.de

Druck: westermann druck GmbH, Braunschweig

Druck 5 4 3 2 1 Jahr 06 05 04 03 02

ISBN 3-14-034543-7

Dieses Werk folgt der reformierten Rechtschreibung und Zeichensetzung. Ausnahmen bilden Texte, bei denen künstlerische, philologische oder lizenzrechtliche Gründe einer Änderung entgegenstehen.

Inhaltsverzeichnis

Unseren Vorfahren auf der Spur

Ägypten – Hochkultur am Nil

Die Griechen

Die Römer

Liebe Schülerinnen und Schüler,

das vor euch liegende Arbeitsheft haben die Autorinnen und Autoren von „Zeiten und Menschen“ für euch zusammengestellt, damit das Lernen leicht und mit Freude gelingt.

Es handelt sich um ein Arbeitsheft, in das ihr auch hineinschreiben könnt. So kann im Laufe des Ausfüllens euer eigenes Heft entstehen.

Alle Übungen können entweder alleine, zu zweit oder in Gruppen bearbeitet werden.
Dazu eignen sich die Methoden

> Einzelarbeit,
> Partnerarbeit,
> Gruppenarbeit.

Ihr könnt die Blätter im Unterricht und zu Hause bearbeiten.

Bevor ihr mit den Übungen beginnt, solltet ihr immer die Seiten in „Zeiten und Menschen“, Band 1, durchgearbeitet haben, auf die jeweils verwiesen wird.

Wir wünschen euch viel Spaß und hoffen, dass ihr zu richtigen Expertinnen und Experten im Fach Geschichte wer-

Lösung zu S. 16: Der Name „Schepi“ steht 7x auf der Tür.
Das Wort „Totenopfer“ findet sich 6x.
Die Formel „ein Opfer, das der König gibt“
ist 2x eingemeißelt.

Unseren Vorfahren auf der Spur

Wir holen uns die Urzeit ins Klassenzimmer

☞ Diese Aufgabe bezieht sich auf die Seiten 30 und 31.

Mit dieser Übung könnt ihr zu Expertinnen und Experten für eine bestimmte Dinosaurierart werden. Ihr sucht, z.B. in der Bücherei, nach wichtigen Informationen darüber und stellt dann „euren" Dinosaurier allen Jungen und Mädchen in der Klasse vor. Als Beispiel für diese Vorgehensweise ist hier der Tyrannosaurus gewählt.

Der Tyrannosaurus, ein Dinosaurier

Der Tyrannosaurus war der größte Fleischfresser aller Zeiten. Er konnte bis zu 15 Metern Länge erreichen und wenn er sich aufrichtete, war er 6 Meter hoch. Er besaß einen sehr großen Schädel, der fast 1,5 m lang war und in dem Zähne von 18 cm Länge Platz fanden. Die Hinterbeine dieses Sauriers waren gewaltig und sehr kräftig, die Vorderbeine dagegen zu kleinen Stummeln zurückentwickelt; mit ihnen hätte er sich noch nicht einmal am Kopf kratzen können. Vielleicht benutzte er die Stummel zum Abstützen, wenn er sich aus dem Schlafe erheben wollte. Als Waffe brauchte er sie jedenfalls nicht. Sein kräftiges Gebiss und die krallenbewehrten Hinterbeine reichten aus, um alle anderen Dinosaurier anzugreifen. Einige Funde deuten darauf hin, dass er sich nicht nur von dem Fleisch gerade erlegter Tiere ernährt, sondern auch von Aas.

Der Tyrannosaurus lief auf den beiden Hinterbeinen. Mit jedem Schritt legte er etwa 3 bis 4 Meter zurück. Dabei setzte er den langen Schwanz ein, um das Gleichgewicht zu halten. Bestimmt hat sich der Tyrannosaurus nicht sehr schnell fortbewegt. Dazu war er nämlich zu schwer. Er wog bis zu 8 Tonnen.
Mit dem Ende der Kreidezeit (etwa 65 Millionen Jahre vor unserer Zeit) starb der Tyrannosaurus, der auch den Beinamen „Rex" (= König) trägt, aus.

Eure Aufgabe:

1. *Entscheidet euch für einen Saurier und klärt, wie ihr die Informationen beschafft.*
2. *Entnehmt dem Buch die wichtigen Angaben und ordnet sie den Oberbegriffen zu: Körperbau, Ernährung, Fortbewegung, Sonstiges.*
3. *Tragt die Ergebnisse in der Klasse vor. Während des Vortrages füllt ihr die Informationskästchen an der Tafel aus (oder heftet vorbereitete Pappen an).*
4. *Eine kleine Zeichnung kann hinzukommen.*

Tafelbild

Körper
- 15 m lang, 6 m hoch
- 8 Tonnen Gewicht
- großer Schädel, Zähne bis 18 cm
- Schrittlänge 3-4 m
- kräftige Hinterbeine, zurückentwickelte Vorderbeine

Ernährung
- Fleisch (frisch)
- Aas

Tyrannosaurus Rex

Fortbewegung
- eher langsam
- Schwanz sichert Gleichgewicht
- aufrecht auf Hinterbeinen

Sonstiges
- vor etwa 65 Mio. Jahren ausgestorben

Warum starben die Dinosaurier aus? (1)

☞ Diese Aufgabe bezieht sich auf die Seiten 30 und 31.

Es gehört immer noch zu den ungelösten Rätseln der Urgeschichte, warum die Dinosaurier ausgestorben sind. Der Text auf dieser Seite nennt vier wichtige Theorien für ihr Verschwinden von der Erde.

Eure Aufgabe:

Versucht einmal, den Kern jeder der vier Theorien mit eigenen Worten knapp auszudrücken.

Warum starben die Saurier aus?

Über Millionen von Jahren hatten die Saurier alles tierische Leben beherrscht. Am Ende der Kreidezeit, also vor etwa 65 Millionen Jahren, verschwanden sie dann innerhalb einer recht kurzen Zeitspanne von der Erde. Es gibt mehr als 50 Theorien, um dieses plötzliche Verschwinden zu erklären. Einige wichtige sollen hier kurz vorgestellt werden.

Sehr häufig wird darauf hingewiesen, dass vor etwa 65 Millionen Jahren das Klima merklich kühler und trockener wurde. Die endlosen Dschungel der Kreidezeit sind in dieser Epoche zum großen Teil vertrocknet und eingegangen. Es mag sein, dass die Pflanzen fressenden Riesensaurier, die einen ungeheuren Bedarf an grüner Nahrung hatten, nicht mehr genug zu fressen fanden und darum ausstarben. Und mit ihrem Verschwinden gab es auch für die Fleisch fressenden Lebewesen nicht mehr genug Nahrung.

Vielleicht ist das Aussterben der Saurier aber dadurch hervorgerufen worden, dass vor 65 Millionen Jahren kleine, intelligentere Tiere auf der Erde erschienen. Es waren die Säugetiere. Mehrere Forscher nehmen an, dass sie die Gelege der Dinosaurier geplündert und die Eier gefressen haben. Die Dinosaurier schützten ihre Gelege nämlich nicht, sondern verscharrten die Eier nur im feuchten Sand. So wurden die Eier zur Beute der intelligenten Säugetiere. Und die Zerstörung der Eier bedeutete natürlich, dass der Nachwuchs der Dinosaurier vernichtet wurde.

Andere Forscher hat die Untersuchung von versteinerten Dinosauriereiern auf eine andere Idee gebracht. Sie fanden heraus, dass am Ende der Kreidezeit die Schale einiger Sauriereier sehr dick geworden war. Die Luftkanäle in ihnen, die das Saurier-„Küken“ zum Atmen brauchte, ließen kaum noch Luft hindurch. Deshalb hatten die ungeschlüpften Jungen nicht mehr die Kraft, die dicken Schalen von innen aufzubrechen. Sie sind in der Schale erstickt.

Seit 1980 wird eine weitere Theorie diskutiert. Danach könnte es vor 65 Millionen Jahren zu einer Katastrophe gekommen sein, die sich aus dem Weltall der Erde genähert hat. Entweder habe es unweit der Erde eine Sternexplosion gegeben oder ein riesengroßer Meteorit von mehreren Kilometern Durchmesser sei auf die Erde gestürzt. Explosion oder Aufprall, so vermuten diese Forscher, haben dann Erdbeben und Vulkanausbrüche verursacht. Dadurch gelangten riesige Mengen an Staub in die oberen Schichten der Lufthülle. Für Monate war die Erde vom Sonnenlicht abgeschnitten, Dunkelheit und Kälte breiteten sich aus. Ohne Sonnenlicht starben die Pflanzen, dann die Pflanzen fressenden Tiere und schließlich die Raubtiere, die sich von den Pflanzenfressern ernährt hatten.

Theorie 1: Nahrungsmangel, weil ... ______________________

Theorie 2: ______________________

Theorie 3: ______________________

Theorie 4: ______________________

Warum starben die Dinosaurier aus? (2)

☞ Diese Aufgabe bezieht sich auf die Seiten 30 und 31.

Hier könnt ihr feststellen, dass es zu jeder Theorie auch vernünftige Gegenüberlegungen gibt. Wenn ihr das Blatt ausgefüllt habt, könnt ihr auch erklären, warum es so schwierig ist, überzeugende Gründe für das Aussterben der Dinosaurier zu finden.

Deine Aufgabe:

1. *Verstreut auf diesem Blatt findest du vier Theorie-Kästchen; trage für jede Theorie von S. 7 den Kern der Aussage ein.*
2. *Überlege dann: Welches der (nicht ganz ernst gemeinten) Bilder gehört zu welcher Theorie? Verbinde mit Linien.*
3. *Lies jetzt die vier kurzen Texte; welcher der vier Texte enthält eine Gegenüberlegung zu Theorie 1, zu Theorie 2 usw.? Verbinde mit Linien.*
4. *Schreibe nun unter der Überschrift „Gegenüberlegungen“ für jede der vier Theorien eine Gegenüberlegung in dein Hausheft. Beginne immer:*
   „Theorie 1 (2, 3, 4) überzeugt nicht, weil …“

Am Ende der Kreidezeit waren Säugetiere bestenfalls so groß wie ein Igel oder eine Ratte. Es ist kaum vorstellbar, dass diese kleinen Tiere den Riesenechsen und ihren großen Eiern gefährlich werden konnten. Es kann ihnen in einigen Fällen gelungen sein, die harten Eierschalen aufzubrechen, aber es sprengt die Grenzen der Vorstellungskraft, dass nahezu zeitgleich und überall auf der Erde kleine Eierdiebe am Werk gewesen sein können.

Theorie 4: ______________________

____

____

Einzelne Funde von auffällig dickschaligen Sauriereiern sollten nicht überbewertet werden, denn es gibt zahlreiche Versteinerungen, die völlig normale Schalen aufweisen. Es ist auch kaum vorstellbar, dass nahezu zeitgleich die Schalen von sehr unterschiedlichen Sauriern den gleichen Defekt besessen haben sollen.

Theorie 1:
Nahrungsmangel, weil sich das Klima veränderte (Kälte).

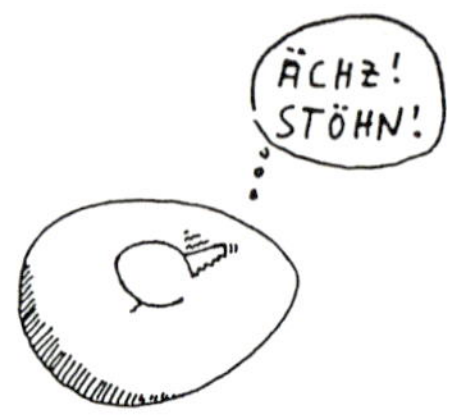

Am Ende der Kreidezeit starben nicht nur die auf dem Lande lebenden Saurier aus, sondern auch die Saurier, die im Meer lebten. Diese Meerestiere aber ernährten sich nicht oder nur zum ganz geringen Teil von Pflanzen. Auch einzelne Flugsaurier waren nicht auf Grünfutter angewiesen und starben trotzdem aus.

Theorie 2: ______________________

____

____

Einer monatelangen Dunkelheit hätten eigentlich alle etwas entwickelteren Lebewesen zum Opfer fallen müssen. Tatsächlich aber gibt es Tiere wie Krokodile, Schlangen oder Schildkröten, die schon vor 100 Millionen Jahren existierten und die das Massensterben am Ende der Kreidezeit unbeschadet überlebten.

Theorie 3: ______________________

____

____

Wir rekonstruieren den Schädel eines Vormenschen

☞ Diese Aufgabe bezieht sich auf die Seiten 32 und 33.

Hier habt ihr die Gelegenheit, wie echte Erforscherinnen und Erforscher der Urzeit zu arbeiten. Stellt euch vor, ihr hättet die einzelnen Schädelteile auf der Kopiervorlage selbst gefunden. Daraus wollt ihr nun den gesamten Schädel wiederherstellen und herausfinden, wie alt der Mensch ist, dessen Schädel ihr rekonstruiert habt.

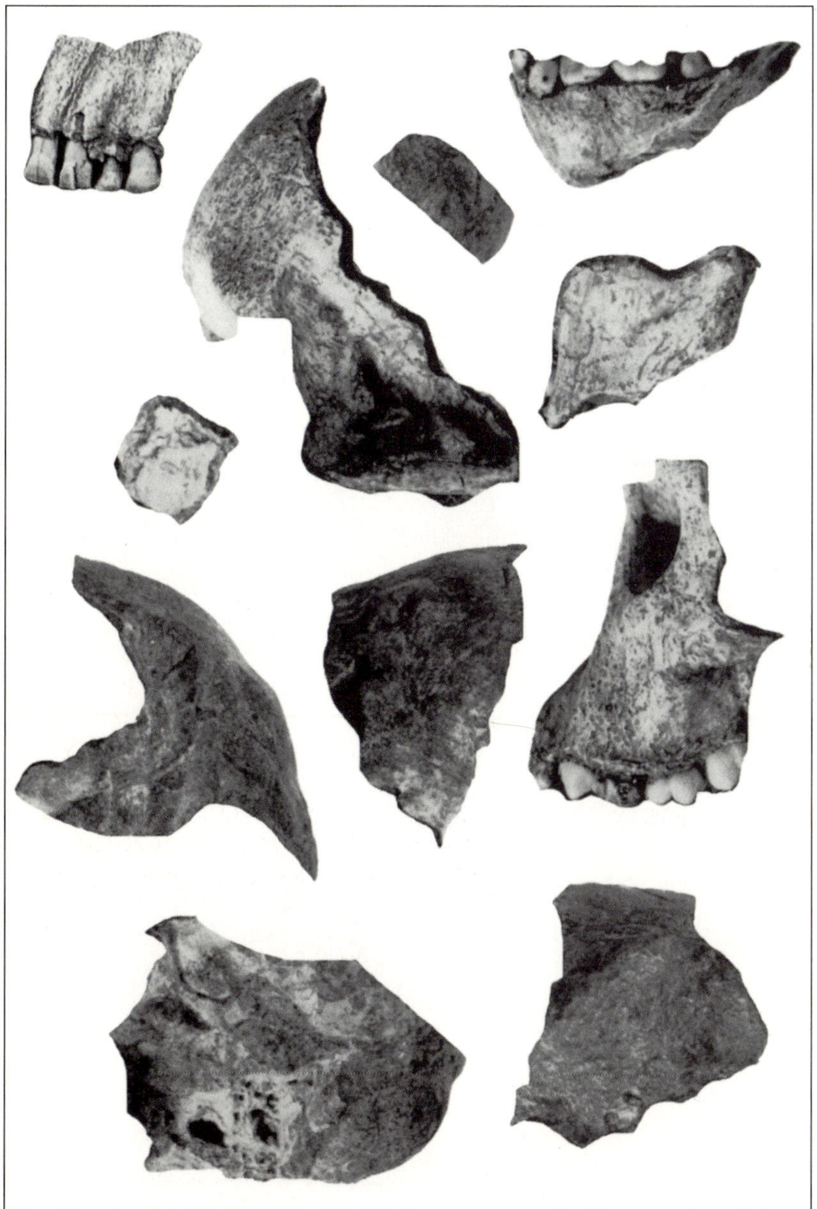

Schädelzeichnungen

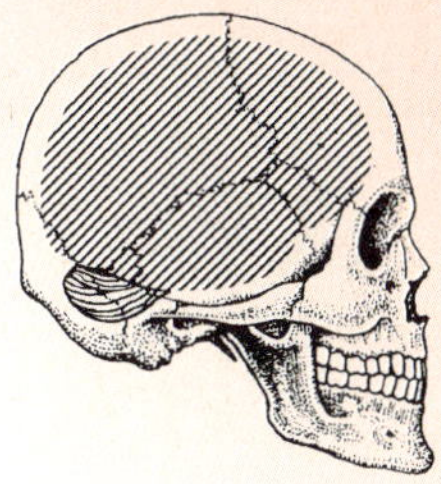

Homo sapiens = Jetztmensch (etwa 150000 v. Chr. bis heute)

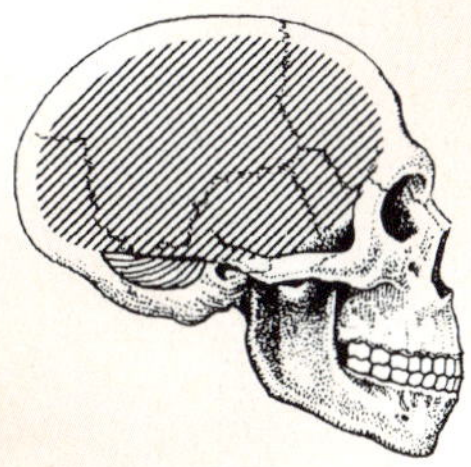

Neandertaler (etwa 220000 bis 30000 v. Chr.)

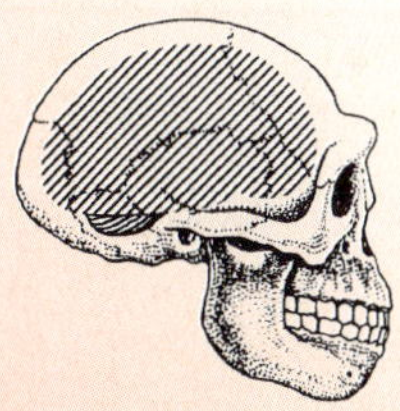

Turkana-Junge (etwa 1,5 Mio. v. Chr.)

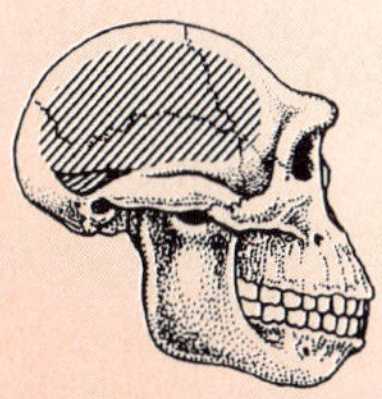

Lucy (etwa 3,2 Mio. v. Chr.)

Deine Aufgabe:

1. *Schneide die „Fundstücke" aus. Lege die Einzelteile des Schädels jetzt zusammen; wenn du ganz sicher bist, klebe die Einzelteile auf (Heft).*
   Achtung: Ein Fundstück gehört zu einem anderen Schädel und muss an die Seite gelegt werden.
2. *Nutze die Folge der Schädelfunde bzw. -zeichnungen, um den von dir zusammengesetzten Schädel zu datieren. Schreibe auf, zu welchem „Typ" der Schädel gehört und wann ungefähr der (Vor-)Mensch gelebt hat.*

(Idee nach: Die EisZeit, Roemer- und Pelizaeus-Museum, Hildesheim 1999, S. 12ff.)

Die Kunst in der Zeit der Jäger und Sammler

☞ Diese Aufgabe bezieht sich auf die Seite 38.

1. Wir fertigen Höhlenmalereien für unseren Klassenraum an

Menschen, die heute etwas malen wollen, nutzen fast immer Papier, Pappe oder Leinwand als Untergrund. Die Menschen der Altsteinzeit kannten diese Materialien nicht. Es ist durchaus möglich, dass sie ihre Körper bemalt oder mit Stöcken Gemälde in den Boden geritzt haben. Heute finden wir Malereien nur noch auf Felswänden, die fast immer tief im Inneren einer Höhle liegen und Tiere zeigen.

Du kannst ein eigenes „Höhlenbild" malen. Dafür zerreibst du zum Beispiel etwas Kreide (Naturtöne wie Ocker) oder Holzkohle und trägst sie – leicht angefeuchtet – mit den Fingern auf die Unterlage auf (Packpapier ist besonders gut geeignet). So erhält dein Bild den Charakter einer echten Höhlenmalerei. Zum Fixieren kannst du Haarspray benutzen.

Tipp: Erst die Umrisse auftragen, am besten mit Kohle.

Abbildungen von Mammut, Wollnashorn, Höhlenbär

2. Steinzeitschmuck – selbst hergestellt

In der Altsteinzeit gab es bereits Schmuckstücke, wie viele Funde verraten. Es macht Spaß, zum Beispiel eine Halskette oder ein Armband selbst zu basteln. Du benötigst nur ein Lederband (ein alter Schnürsenkel tut es auch!) und einige Materialien, die du in der Natur selbst suchen und finden kannst: Federn, Baumrinde, Früchte, Blüten, Holz. Vielleicht kannst du auch einige Muscheln nutzen oder sogar einen (Milch-) Zahn? Bohrungen oder biegsame Halme helfen bei der Befestigung. Bringt eure Schmuckstücke mit!

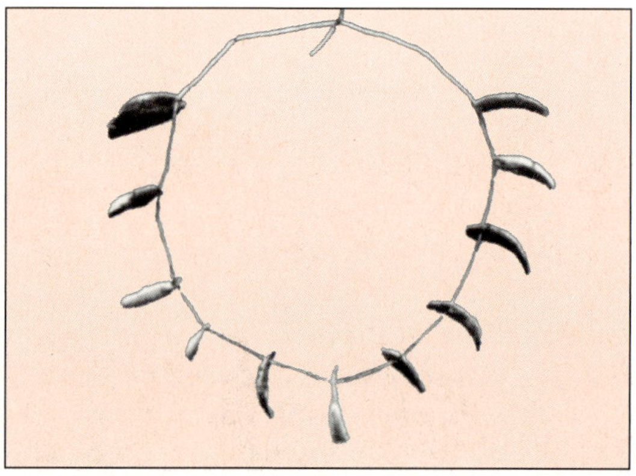

Originalschmuck: Kette aus Tierzähnen

Selbst gebastelter Schmuck

Wir suchen nach Fundstücken aus der Steinzeit

☞ Diese Aufgabe bezieht sich auf die Seiten 38 – 40.

Fundstücke über menschliches Leben in der Steinzeit sind nicht leicht zu finden. Das Suchbild auf dieser Seite vermittelt einen Eindruck davon, wie schwierig die Suche nach Werkzeugen aus der Vorgeschichte der Menschheit ist. Wer genau hinschaut, kann einen Schaber, einen Faustkeil, einen Bohrer, eine Harpunenspitze, einen Schlagstein zur Bearbeitung, eine Pfeilspitze und ein Messer entdecken.

Deine Aufgabe:

Male die Fundstücke farbig an und fülle die Tabelle aus.

Fundstück	Bezeichnung	Verwendung/Zweck
	Schaber	Ein Schaber dient dazu, das Fleisch vom Knochen zu trennen oder das Fell von einer Haut.
	Faustkeil	

(nach: Die EisZeit, Roemer- und Pelizaeus-Museum, Hildesheim 1999, S.19)

Suchbild

Von der Altsteinzeit zur Jungsteinzeit

☞ Diese Aufgabe bezieht sich auf die Seiten 40 und 46 bis 49.

Wir fassen zusammen, wie sich die Lebensweise der Menschen veränderte

In einer Tabelle kann man übersichtlich darstellen, wie tief greifend sich die Lebensweise der Menschen beim Übergang von der Altsteinzeit zur Jungsteinzeit veränderte.

Eure Aufgabe:

Füllt die Tabelle aus. Ergänzt dann den Satz unter der Tabelle.

Untersuchungsbereich:	So war es in der Altsteinzeit:	So war es in der Jungsteinzeit:
Arbeitsleben / „Berufe“:		
Das Zusammenleben der Menschen:		
Typische Nahrungsmittel:		
Die verwendeten Werkzeuge, Geräte, Materialien:		
Unterkünfte, Häuser und sonstige Bauwerke:		
Sonstiges, z.B. Religion, Umwelt…		

Der Übergang von der Altsteinzeit zur Jungsteinzeit wird als landwirtschaftliche oder neolithische Revolution bezeichnet, weil…

____

____

____

Rätselseite zum Thema: Unseren Vorfahren auf der Spur

☞ Diese Aufgabe bezieht sich auf das Gesamtkapitel.

Deine Aufgabe:

Welche Abbildung gehört zur Alt-, welche zur Jungsteinzeit? Verbinde mit sauberen Linien!

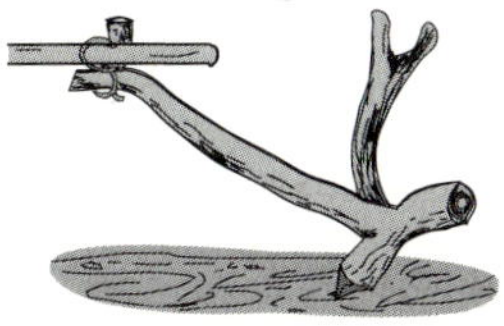

Altsteinzeit | **Jungsteinzeit**

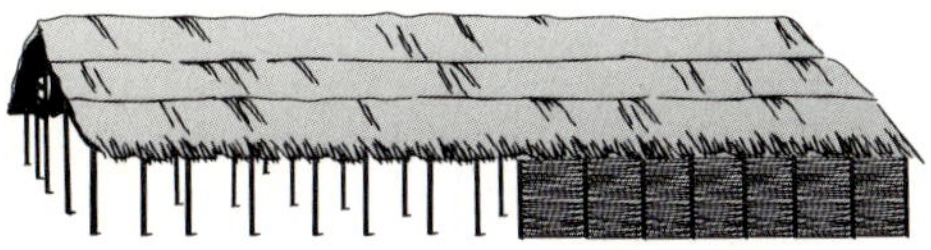

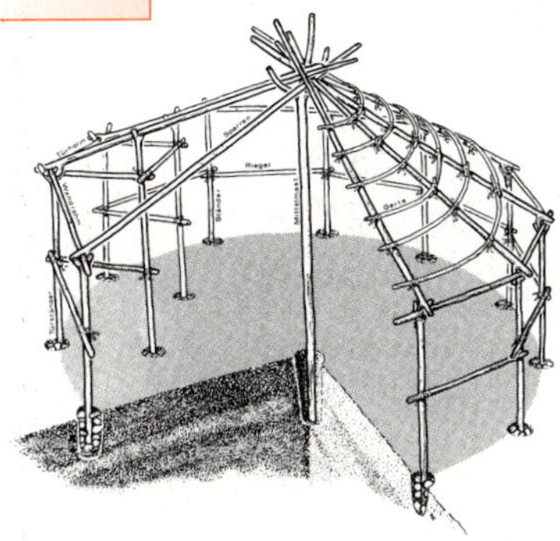

Deine Aufgabe:

Fülle die Lücken aus. Bei richtiger Lösung liest du in der dick umrandeten Kästchenreihe einen Fachbegriff (ä, ö, ü = ae, oe, ue).

1. Elefantenähnliches Tier mit Stoßzähnen und zotteligem Fell.
2. (Haupt-) Nahrungsmittel aus der Jungsteinzeit; gibt's heute bei jedem Bäcker.
3. Ältere Dame, die vor mehr als 3 Mio. Jahren in Ostafrika lebte; verdankt ihren Namen einem Megahit der Beatles.
4. So nennt man eine Gruppe, in der die Menschen der Altsteinzeit zusammenlebten.
5. Es waren keine Hünen, sondern Menschen der Jungsteinzeit, die für ihre Toten große Stein- _?_ errichteten.
6. So nennt man Menschen ohne festen Wohnsitz, die ständig unterwegs sind.
7. Naturvolk aus dem hohen Norden; nennt sich selbst Inuit; essen gern rohes Fleisch (Plural).
8. Auf diesen Gegenstand war Ötzi sicher sehr stolz.
9. Der Wechsel von der Alt- zur Jungsteinzeit ist so bedeutsam, dass man von einer landwirtschaftlichen _?_ spricht.
10. Naturvolk aus dem zentralen Afrika; diese Menschen essen gern leckere Raupen am Spieß (Plural).
11. Material, aus dem die meisten Geräte der Steinzeit hergestellt wurden.
12. Mit dem Gletschermann Ötzi hört die Steinzeit auf; es begann die _?_ -zeit.

Das Lösungswort lautet:

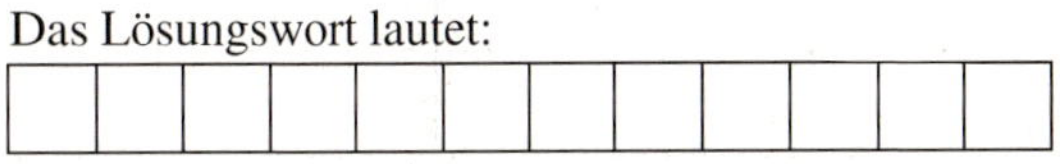

Ägypten - Hochkultur am Nil

Wir gestalten eine Landkarte des Alten Ägypten

☞ Diese Aufgabe bezieht sich auf die Seite 85.

Die Karte zeigt den Verlauf des Nils im Alten Ägypten. Du kannst sie ausmalen, indem du den Nil blau, das fruchtbare, von Menschen bearbeitete Land grün, die Wüste gelb und das Meer hellblau malst. Danach sollst du die Karte beschriften. Zeichne und trage die Orte und Ortsbezeichnungen an der jeweils richtigen Stelle ein. Du erhältst so deine persönliche Ägyptenkarte, mit deren Hilfe du wichtige Orte und die Bedeutung des Nils im Alten Ägypten erklären kannst.

Meine Ägypten-Karte

Deine Aufgabe:

1. *Lage und Bezeichnung der altägyptischen Stadt Memphis*
2. *Das heutige Kairo*
3. *Die Pyramiden von Giza*
4. *Die altägyptische Stadt Theben*
5. *Lage und Bezeichnung der Stadt Assuan*
6. *Die Tempelanlage von Abu Simbel*
7. *Die Bezeichnungen für Unterägypten und Oberägypten*
8. *Mittelmeer und Rotes Meer*

Der Bau des Suezkanals (eröffnet 1869) und der Bau des modernen Staudamms bei Assuan (Nasser-See, gebaut von 1959 bis 1970) haben in jüngster Zeit die Geografie Ägyptens sehr verändert. Nimm einen aktuellen Atlas zur Hand und zeichne die Umrisse des Staudamms und den Verlauf des Suezkanals in deine Karte ein.

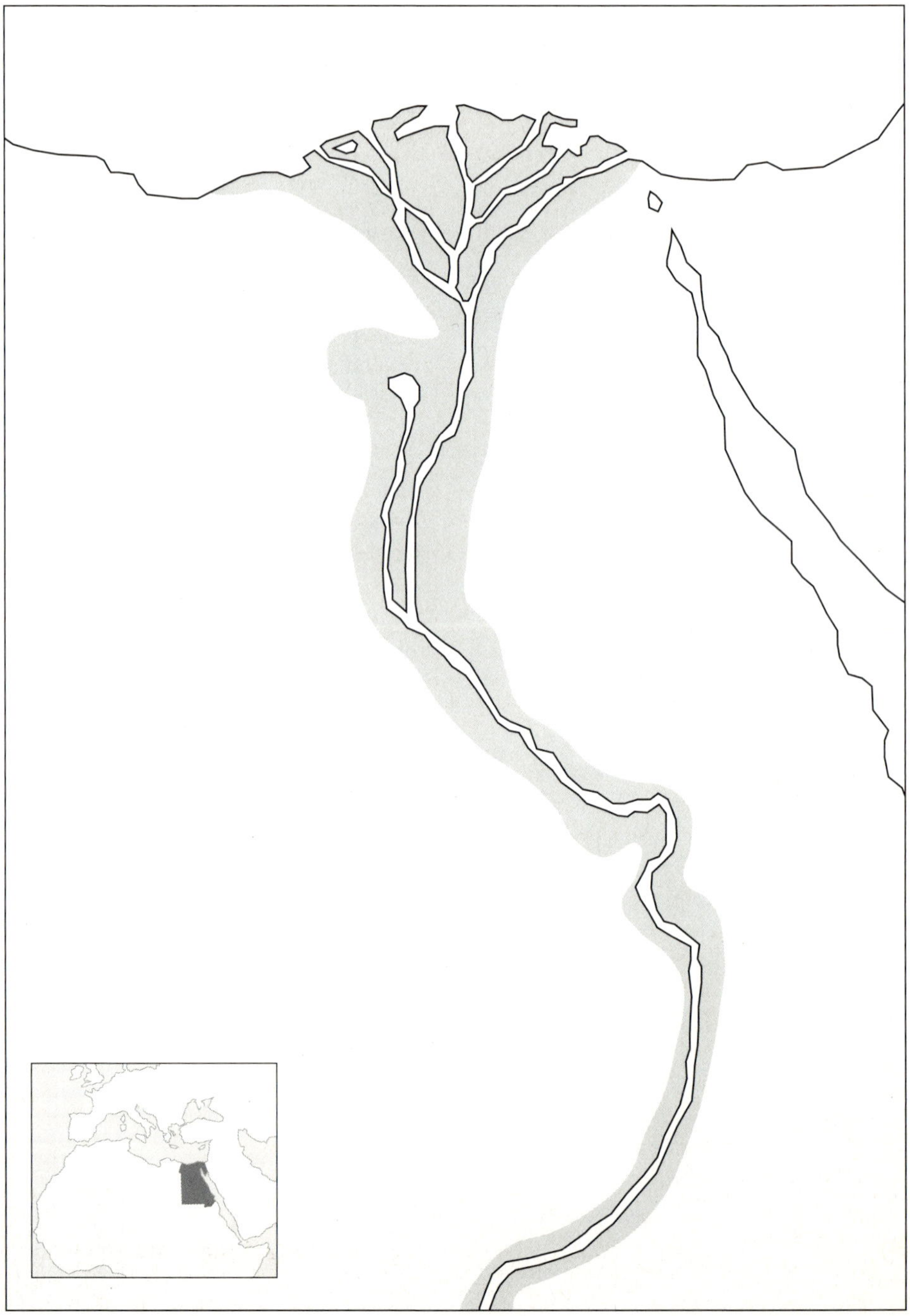

Ägypten – ein Geschenk des Nil

☞ Diese Aufgabe bezieht sich auf die Seiten 84 bis 87.

Wer entziffert die Geheimnisse eines Textes aus dem Alten Ägypten?

Stellt euch folgende Situation vor: Auf einer Steintafel haben Forscherinnen und Forscher den Text „Hymne an den Nil“ entdeckt. Eine Hymne ist ein feierliches Gedicht, in dem normalerweise jemand für seine Heldentaten gelobt wird. Das Alter dieser Hymne wird auf zirka 3000 Jahre geschätzt. Nach mühsamer Kleinarbeit ist es auch gelungen, den Text in die deutsche Sprache zu übersetzen. Dennoch sind die Forscher ratlos. Niemand versteht, was mit diesen Aussagen wirklich gemeint ist Die Forscher grübeln über ihre Fragen nach.

Eure Aufgabe:

Könnt ihr den Forschern helfen?
Könnt ihr herausfinden, was mit diesen merkwürdigen Aussagen gemeint ist?

Hymne an den Nil

So lautet der alte Text:	Über diese Frage grübeln die Forscher:	Das ist die Lösung:
„Heil dir, o Nil, der du nach Ägypten kommst, um es am Leben zu erhalten.“	*Wie kann ein Fluss Leben erhalten?*	
„Wenn sein Wasser über die Ufer tritt, wird ihm geopfert und große Geschenke werden ihm gebracht.“	*Warum beschenkt man einen Fluss, wenn es Hochwasser gibt?*	
„Wenn er zu schwer ist, um sich zu erheben, sind wenige Menschen an seinen Ufern.“	*Zu schwer, um sich zu erheben – Was bedeutet das?*	
„Wenn er zu hohes Wasser bringt, dann verringern sich die Menschen, denn er tötet sie.“	*Welche Lebensgrundlage der Menschen wird bei extremem Hochwasser zerstört?*	
„Man erblickt dann die Stadt wie ein Sumpfgebiet, jeder legt seine Arbeitsgeräte nieder.“	*Warum arbeiteten die Menschen nicht?*	

(nach: Emma Brunner-Traut (Hg.): Lebensweisheiten der Alten Ägypter, Freiburg/Herder 1985, S. 49ff.; gekürzt und bearbeitet)

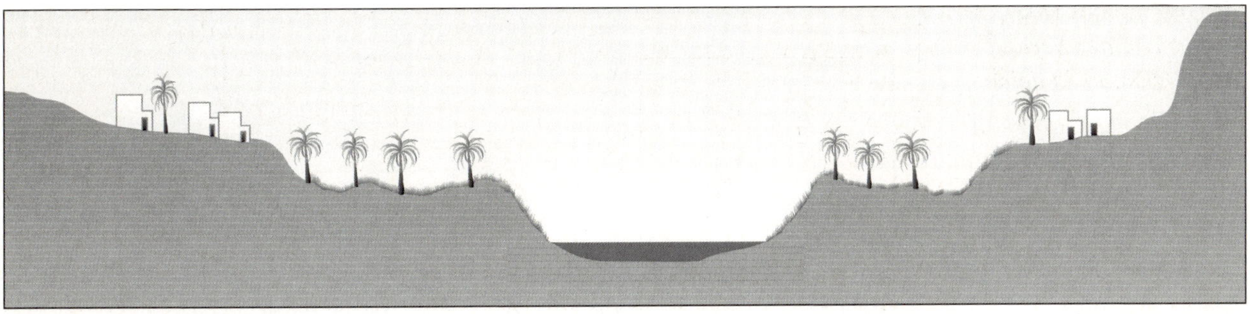

Geheimnisvolle Hieroglyphen

☞ Diese Aufgabe bezieht sich auf die Seiten 90 und 91.

Mit dieser Übung könnt ihr euch in die Situation eines Experten hineinversetzen, der daran arbeitet, die geheimnisvolle Schrift der Hieroglyphen zu entziffern. Stellt euch vor, ihr steht in einem ägyptischen Grab vor der Tür, die auf dieser Seite abgebildet ist. Es handelt sich dabei um eine Scheintür. Sie sollte das Grab vor Grabräubern schützen und konnte nicht geöffnet werden. Die Ägypter glaubten jedoch, die Seele des Verstorbenen könne in Gestalt eines Vogels durch diese Tür aus dem Totenreich in das Reich der Lebenden fliegen und wieder zurück. Die Scheintür, vor der ihr steht, gehört zum Grab des Schepi.
Hieroglyphen wurden meist, aber nicht nur von rechts nach links geschrieben (vergleicht dazu euer Schulbuch). Beachtet außerdem, dass sie nicht – wie in unserer Schrift – ausschließlich hintereinander geschrieben wurden, sondern die Zeichen wurden oft wie in Rechtecken angeordnet: nebeneinander und übereinander.

- Um dieses Grab als sein eigenes zu sichern, hat Schepi seinen Namen mehrfach anbringen lassen. So wird er geschrieben:

- Ebenfalls mehrfach auf der Tür muss das Wort „Totenopfer“ zu finden sein. Für die Verstorbenen war es wichtig, Totenopfer zu erhalten. Schepi hat das Wort einmeißeln lassen, weil er für alle Ewigkeit festlegen wollte, dass er Totenopfer empfängt. So sieht das Wort „Totenopfer“ aus:

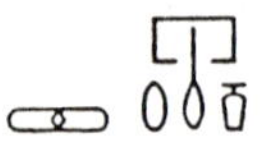

(peret – cheru)

- Nach dem Glauben der Ägypter konnten sich die Menschen nicht direkt an die Götter wenden. Nur der Pharao konnte eine Verbindung zu den Göttern herstellen. Außerdem konnte nur der Pharao den Göttern ein Opfer überbringen. Auf der Scheintür befindet sich dementsprechend die Formel „ein Opfer, das der König gibt“. So sieht die Formel aus:

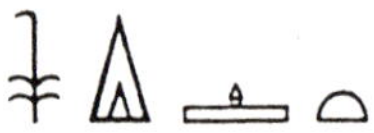

(hetep di nesut)

Eure Aufgabe:

1. *Wie oft findet man den Namen Schepi auf dieser Tür?*
2. *Wie oft findet ihr das Wort „Totenopfer“?*
3. *Wo befindet sich die geheimnisvolle Formel „ein Opfer, das der König gibt“?*
4. *Was können wir daraus folgern, dass Schepi einige Inschriften mehrfach in die Scheintür einmeißeln ließ?*

Die richtige Lösung für diese Aufgabe findet ihr auf Seite 5.

Grabräuber in Ägypten

☞ Diese Aufgabe bezieht sich auf die Seiten 121 und 124/125.

Wir finden die Täter und lösen das Geheimnis der dunklen Schatten

Stellt euch die folgende Situation vor:

Ihr seid ein ägyptisches Mädchen oder ein ägyptischer Junge und heißt entweder Harun oder Nepi. Es ist das Jahr 1880. Euer Land Ägypten entwickelt sich allmählich zu einem Reiseland für adelige und reiche Europäer. Aber wie das so ist: Alles hat auch seine Schattenseiten. Mit der Zunahme des Tourismus wächst auch die Kriminalität. Manche Einheimische haben erkannt, dass die Touristen an jahrtausendealten Grabbeigaben, an alten Kunstschätzen und an Mumien interessiert sind und dafür gutes Geld bezahlen. Grabräuberei und Ausfuhr von Kunstschätzen sind streng verboten und dennoch droht eurem Land ein unwiederbringlicher Verlust durch Raub und Verkauf der Kunst der alten Ägypter.
Diesem Treiben wollt ihr nicht länger zusehen und daher habt ihr euch dazu entschlossen, als Detektive zu arbeiten mit dem Schwerpunkt: Verhinderung und Aufklärung von Grabräuberei.
Als ihr eines Tages bei brennender Sonne in eurem kühlen Büro sitzt, klopft es an der Tür und ein alter Mann mit einem abgewetzten weißen Umhang tritt ein. Zwischen euch kommt es zu folgendem Gespräch:

„Ich komme aus dem Dorf Jaschud, das nahe des Felsengebirges an Westufer des Nil liegt. Ich brauche eure Hilfe."
„Was kann ich für euch tun?"
„In unser Dorf kommen seit einiger Zeit fast täglich Touristen. Sie legen mit ihren Schiffen am Westufer des Nil an."
„Was habt ihr gegen Touristen?"
„Nichts, im Gegenteil, es hilft unserem Dorf, wenn sie kommen. Allerdings habe ich den Eindruck, dass sie unser Dorf mit Gegenständen verlassen, die sie nicht mitgebracht haben und die sie nicht besitzen dürfen."
„Was genau meinst du damit?"
„Sie nehmen alte Grabgegenstände mit. Sie rauben alte Gräber aus. Sie tun das nicht selbst. Ich vermute, dass es Grabräuber in unserem Dorf gibt, die keinen Respekt vor der Geschichte unseres Landes und dem Wert unserer Kultur haben."
„Das ist ein schwerer Vorwurf. Hast du einen bestimmten Verdacht?"
„Ja, den habe ich. Es gibt Leute in unserem Dorf, die sich plötzlich mit ihrem Reichtum brüsten, und dann habe ich da noch etwas Merkwürdiges beobachtet."
„Was genau meinst du?"
„Nachts sitze ich manchmal auf der Spitze eines kleinen Felsens am Rande des Gebirges. Ich tue das immer, wenn ich nicht gut einschlafen kann. Vor einiger Zeit sah ich nachts einen Lichtkegel in einem der schmalen Täler. Dahinter entdeckte ich zwei dunkle Schatten. Plötzlich war der Lichtkegel spurlos verschwunden und tauchte nach einer Stunde an der gleichen Stelle wieder auf."
„Hast du eine Erklärung für diese merkwürdigen Vorkommnisse?"
„Bis jetzt ist es nur eine Vermutung. Dort muss eine Höhle oder etwas Ähnliches sein. Es könnte auch ein altes Grab sein, in dem vielleicht ein berühmter Pharao begraben liegt. Du musst mit mir in unser Dorf kommen. Du musst das Geheimnis des plötzlichen Reichtums und der nächtlichen Schatten lösen!"
„Keine Frage, ich komme mit!"

Eure Aufgabe:

1. *Was steckt hinter den Beobachtungen des alten Mannes aus dem Dorf Jaschud?*
2. *Überlegt euch, wie ihr in einem Verhör dem Geheimnis der nächtlichen Schatten auf die Spur kommen könnt.*
3. *Spielt eure Ankunft im Dorf und eure Gespräche mit den verdächtigen Dorfbewohnern im Rollenspiel vor.*
4. *Kann es wahr sein, dass in der Nähe des Dorfes ein berühmter Pharao begraben wurde?*

Die ägyptische Götterwelt

Wir erklären, wofür wichtige Göttinnen und Götter zuständig sind

☞ Diese Aufgabe bezieht sich auf die Seiten 98 und 99.

Nach den Vorlagen im Buch findet ihr hier einige Zeichnungen ägyptischer Götter, die ihr natürlich bunt ausmalen könnt. Vor allem aber sollt ihr in die Sprechblasen schreiben.

Eure Aufgabe:

1. Wofür ist diese Göttin oder dieser Gott zuständig?
2. Wie wird sie oder er dargestellt?

①

Ich bin Re
und zuständig für …

Mit der Barke fahre ich, weil …

②

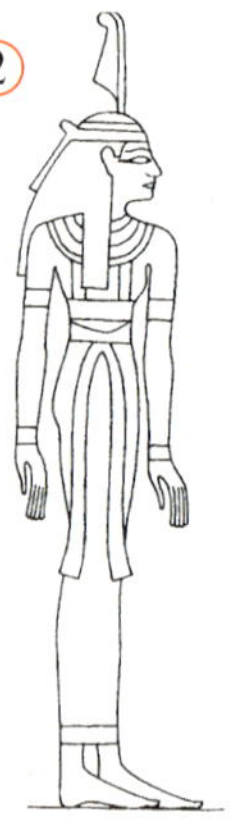

Ich heiße Ma'at
und bin zuständig für …

Zu erkennen bin ich an …

③

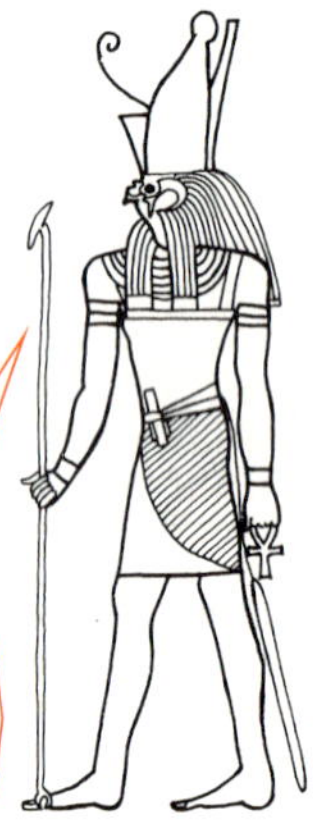

Ich bin Horus.
Man erkennt mich an …

Für Ägypten und den Pharao
habe ich folgende Bedeutung:

④

Ich bin Osiris
und bin …

Man erkennt mich
daran, dass …

⑤

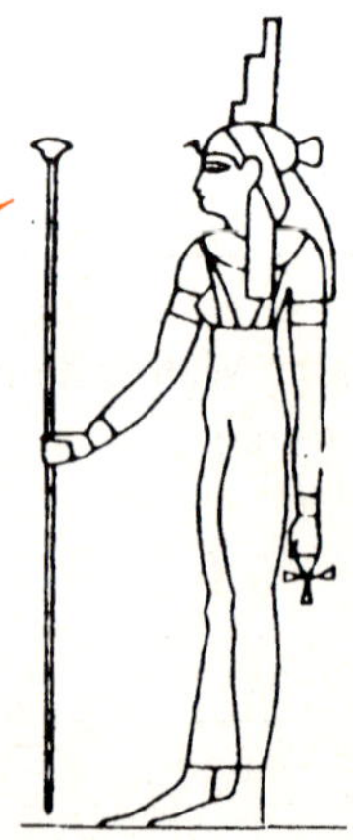

Ich bin Isis und bin …

Als Kennzeichen …

Wir geben ein Interview über die Götterwelt der Ägypter

☞ Diese Aufgabe bezieht sich auf die Seiten 98 und 103.

Wenn ihr die entsprechenden Seiten im Buch durchgearbeitet habt, wisst ihr vieles über die ägyptische Götterwelt, was anderen Menschen unbekannt ist. Ihr seid nun Expertinnen und Experten und könnt euer Wissen in der Form eines Interviews vorstellen. Die Kunst besteht dabei darin, dass ihr das Interview in der Klasse vorspielt, ohne dass ihr dabei ins Buch schauen müsst. Bereitet euch also gut vor. Das geht in diesem Fall am besten zu zweit. Einer übernimmt die Rolle des Interviewers, einer die Rolle des Experten. In einem zweiten Durchgang könnt ihr die Rollen tauschen.

1. Frage: Warum haben die Ägypter ihre Götter oft in Form von Tieren dargestellt?

____

____

____

____

2. Frage: Glaubten die Ägypter wirklich, dass ihre Götter mit Falken-, Affen- oder Schakalköpfen herumliefen?

____

____

____

____

3. Frage: Warum hatten die Ägypter nicht nur einen, sondern viele Götter?

____

____

____

____

4. Frage: Welche Rolle spielten die Götter im alltäglichen Leben der Ägypter?

____

____

____

____

5. Frage: Hatten die Tempel damals die gleiche Bedeutung wie die christlichen Kirchen und die anderen Gotteshäuser heute bei uns?

____

____

____

____

Tipp: Wahrscheinlich fällt euch zur ägyptischen Götterwelt noch eine weitere Frage mit der passenden Antwort ein.

____

____

____

____

Der Pharao – Mensch oder Gott oder gottähnlich?

☞ Diese Aufgabe bezieht sich auf die Seiten 92 und 93.

Das Relief, das ihr auf Seite 21abgebildet seht, fand man an einer verborgenen Stelle eines Tempels, sodass es der Öffentlichkeit nicht zugänglich war. Ihr als Forscherinnen und Forscher habt allerdings die Gelegenheit, das Relief eingehend zu untersuchen. Es trägt den Titel „Ein Pharao wird geboren" und lässt sich wie eine Bildergeschichte lesen.

Ihr findet die Bilder in der richtigen Reihenfolge. „Leider" ist der erklärende deutsche Text in Unordnung geraten.

Eure Aufgabe:

1. *Ordnet die jeweils passenden Textteile A bis I den einzelnen Bildern 1 bis 9 zu.*
   Übrigens: Wenn das Kind an einigen Stellen doppelt dargestellt wird, so ist damit trotzdem nur eine Person gemeint, nämlich der Mensch und seine Lebenskraft „Ka".
2. *Anschließend soll folgende Frage beantwortet werden:* ***Wird der neue Pharao als Gott oder als Mensch oder gottähnlich dargestellt?***
   Formuliert zu dieser Frage (auch mit euren Kenntnissen aus den Seiten 92 und 93) einen Text, in dem ihr eure Antwort begründet.

A Der Gott der Weisheit mit Namen Thot ist hier mit dem Vogelkopf des Ibis dargestellt. Er führt den Gott Amun, Schöpfer der Welt und Reichsgott des Alten Ägypten, zu erkennen an seiner Doppelkrone, zur Königin, damit er sich mit ihr vermähle.

B Amun erteilt dem widderköpfigen Chnum, dem Schöpfergott, den Auftrag, das Kind zu bilden.

C Das Bild deutet die Vereinigung des Gottes Amun mit der weltlichen Königin an. Amun führt das Lebenszeichen an das Gesicht der Königin.

D Die Königin hält den neuen König von Ägypten im Arm und stellt diesen den Göttern des Landes vor.

E Der Gott Chnum formt das Kind und sein „Ka" (= Lebenskraft) auf einer Töpferscheibe. Dabei hilft ihm die froschköpfige Göttin Heket.

F Die Göttin der Liebe Hathor stellt dem Gott Amun das Kind vor, damit dieser es als seinen Sohn anerkennt.

G Thot verkündet der Königin ihre Titel und besonderen Würden als Mutter des neuen Königs.

H Die Königsmutter hält das neugeborene Kind in den Armen. Eine Amme ist bereit, es in Empfang zu nehmen. Götter reichen Lebenszeichen.

I Der neue Pharao von Ägypten wird den Göttern des Landes vorgestellt.

War der Pharao: Mensch? oder Gott? oder gottähnlich? Meine Antwort lautet:

____

____

____

____

1

2

3

4

5

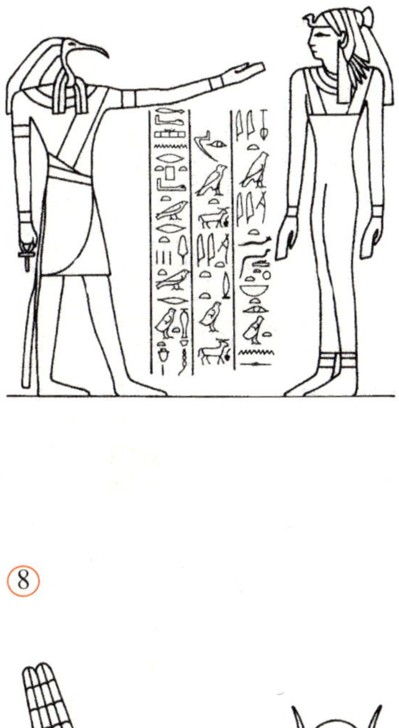

6

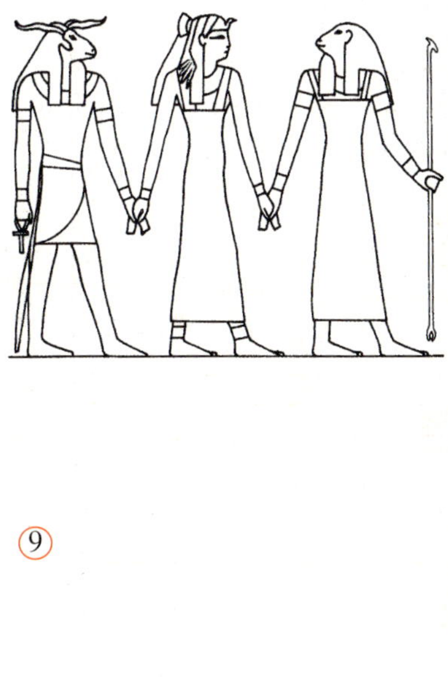

7

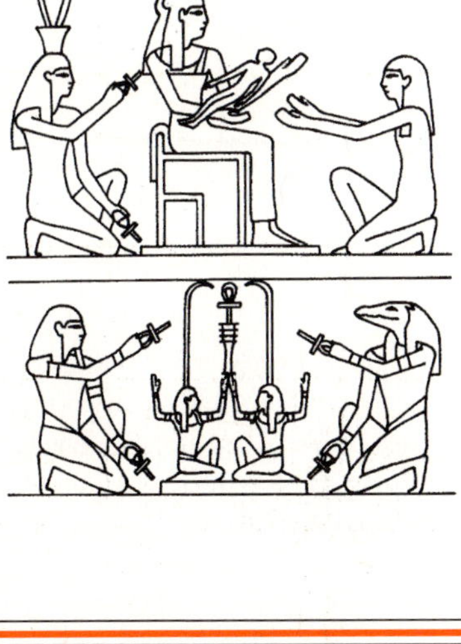

8

9

Wir bauen ein Modell der Cheops-Pyramide

☞ Diese Aufgabe bezieht sich auf die Seiten 104 bis 107.

Mit dem maßstabsgetreuen Modell der Cheops-Pyramide auf dieser Seite wird es euch nicht schwer fallen, ein Modell dieses antiken Weltwunders herzustellen (Der Maßstab ist 1:2000, d.h. ein Zentimeter des Modells entspricht 2000 cm in der Wirklichkeit = 20 Meter).

- Ihr könnt das Modell erst kopieren, dann ausschneiden, knicken und zusammenkleben. Zur Verstärkung könnt ihr es auf dünne Pappe kopieren oder vorher auf Pappe aufkleben.
- Bevor ihr das Modell zusammenklebt, solltet ihr die Bedeutung der Zahlen klären und eure Erklärungen auf eurem Modell notieren. Dazu helfen euch die Seiten im Buch und der Text unten.

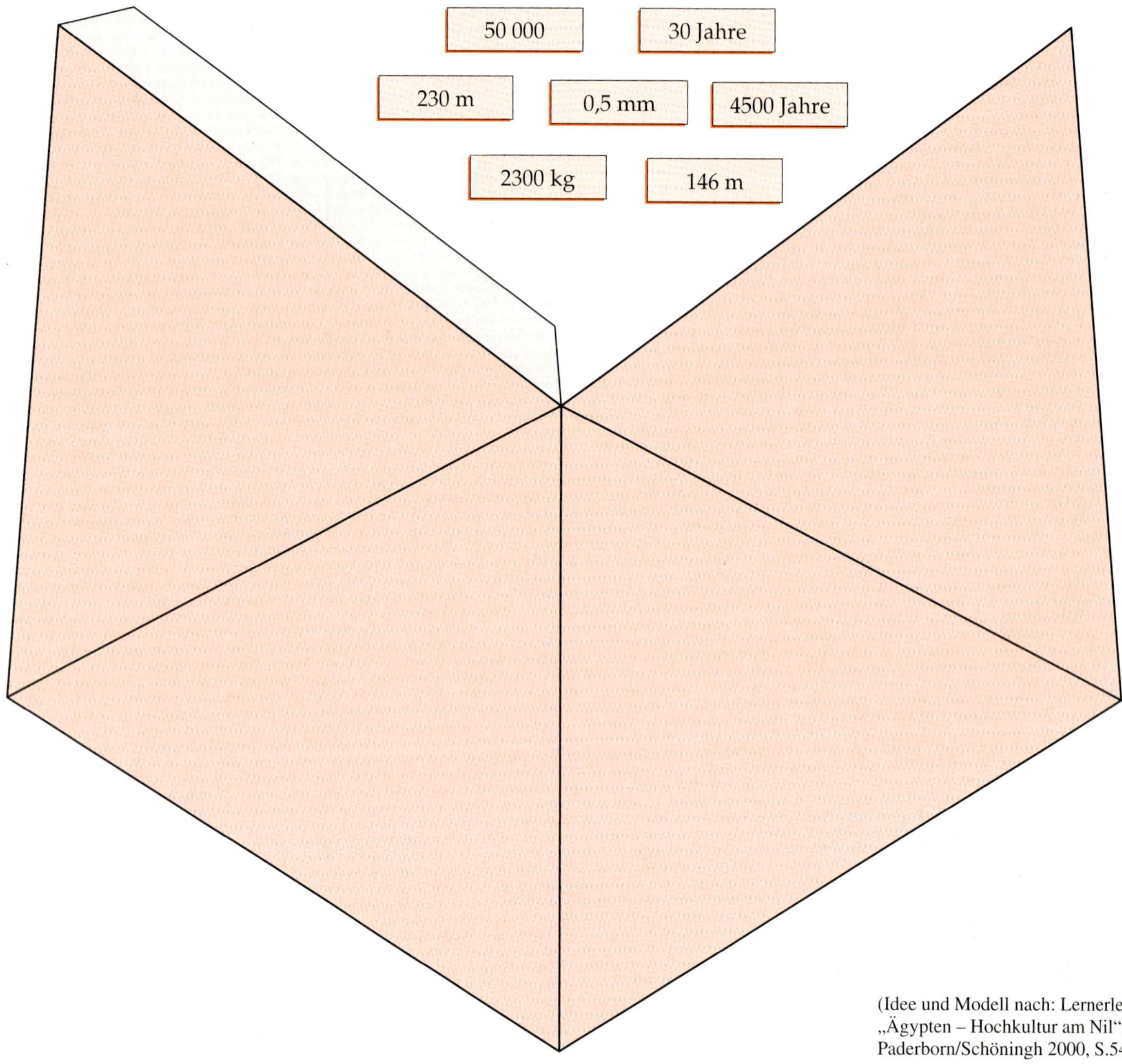

(Idee und Modell nach: Lernerlebnis „Ägypten – Hochkultur am Nil“, Paderborn/Schöningh 2000, S.54)

„Als Weltwunder der Superlative kann die Cheops–Pyramide gelten: Sie ist nicht nur das größte, sondern mit ihren rund 4500 Jahren auch das älteste der antiken Weltwunder. [...]
Die Pyramide von Giza, wie sie auch heißt, ist ein gewaltiges Grabmal mit einem quadratischen Grundriss, einer Seitenlänge von 230 m (gut drei Fußballfelder hätten darin Platz) und einer ursprünglichen Höhe von 146 Metern. Über zwei Millionen Steinblöcke wurden beim Bau verarbeitet und jeder einzelne davon wiegt rund 2300 kg. Die Quader wurden derart exakt behauen, dass die Fugen nirgends breiter als 0,5 mm sind.“
(aus: Junior Wissen, Weltwunder, Unipart-Verlag/Stuttgart 1997, S.16)

Memory: Was ist was?

☞ Diese Aufgabe bezieht sich auf das gesamte Kapitel.

Im Kapitel „Ägypten – Hochkultur am Nil" sind euch eine Reihe von Personen, Kunstgegenständen und Symbolen begegnet, die für das Verständnis dieser alten Kultur von großer Bedeutung sind. Da ging es zum Beispiel um einen Krummstab und eine Geißel, um eine Pflanze, eine schöne Königin, eine Königin mit Bart, eine sitzende Figur und um eine ausgewickelte Mumie.

Eure Aufgabe: *Betrachtet die Bilder auf dieser Seite. Notiert und erklärt, was sie darstellen.*

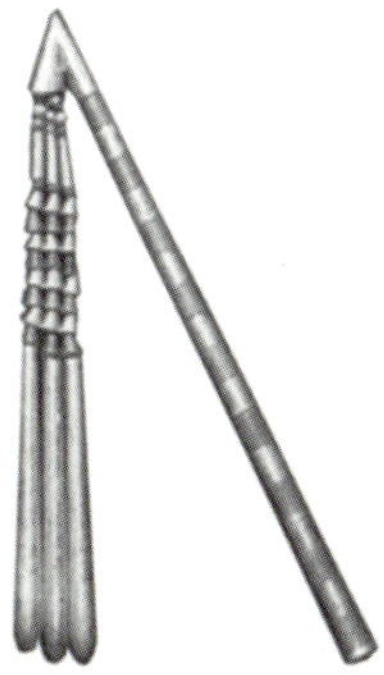
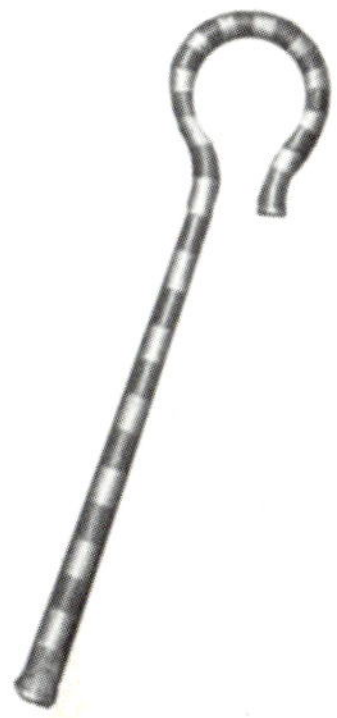

– Das Bild zeigt … – Die Darstellung hat folgende Bedeutung: ?	?	?

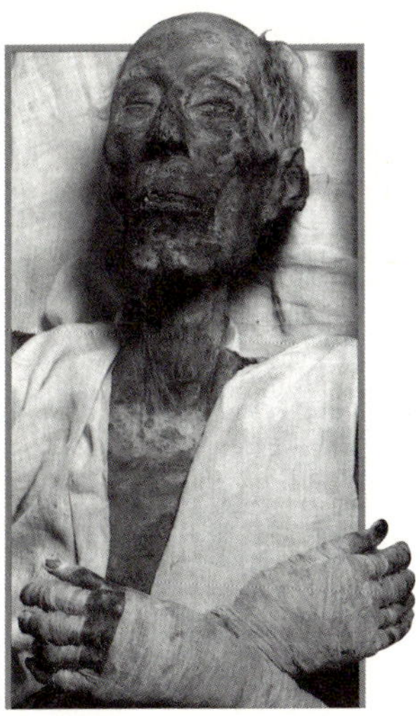

?	?	?

Die Griechen

Die Olympischen Spiele

Alles falsch – Wir machen es richtig!

☞ Diese Aufgabe bezieht sich auf die Seite 133.

In den folgenden Text über die Olympischen Spiele im antiken Griechenland haben sich leider acht schlimme Fehler eingeschlichen. Er muss unbedingt korrigiert werden, weil Schülerinnen und Schüler sonst ganz falsche Dinge über die damalige Zeit lernen. Kannst du helfen?

Deine Aufgabe:

Schreibe eine fehlerfreie Fassung dieses Textes.

Alles falsch!

„776 nach Christus sollen in dem griechischen Ort Olympia die ersten Wettkämpfe stattgefunden haben. Alle Männer und Frauen, die freie Griechen waren, durften an den Olympischen Spielen teilnehmen. Die Teilnahme galt als große Ehre. Jeder Sportler vertrat das Land, aus dem er kam. Vor der Statue des Poseidon leisteten die Athleten den olympischen Eid. Sie schworen, dass sie nicht gegen die Kampf- und Spielregeln verstoßen wollten und dass sie drei Monate lang trainiert hatten. Die Eintrittskarten für die Zuschauer waren sehr teuer. Die Sportler kämpften in den farbigen Trikots der Stadt, aus der sie kamen. Wer als Sieger aus den Wettkämpfen hervorging, erhielt eine Goldmedaille."

Alles richtig! ____________________

Wir führen ein Interview mit dem Olympiasieger Dandalos aus Athen

☞ Diese Aufgabe bezieht sich auf die Seite 135 (und 132 bis 134).

Der Athener Dandalos wurde soeben Olympiasieger im Waffenlauf auf der 192,3 Meter langen Strecke des Laufstadions. Im Rahmen eurer Fernsehsendung übertragt ihr ein Interview mit dem gefeierten Sieger.

Eure Aufgabe:

1. *Lest die betreffenden Seiten im Buch noch einmal durch und schreibt dann die Antworten des Dandalos auf.*
2. *Spielt zu zweit das Interview vor der Klasse vor.*

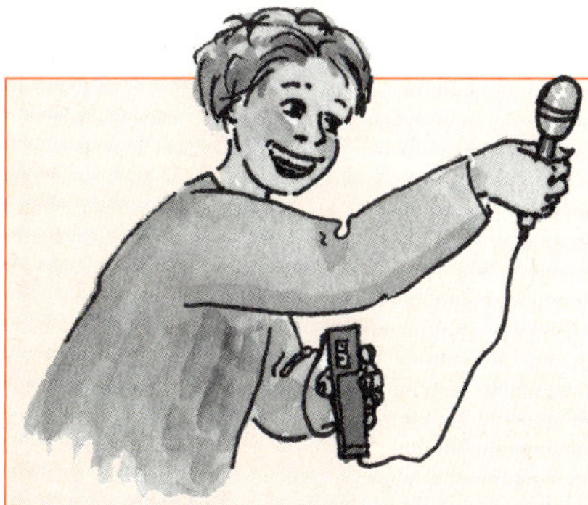

① *Herr Dandalos, was bedeutet Ihnen dieser Sieg?*

② *Wie werden Sie sich bei den Göttern für Ihren Sieg bedanken?*

③ *Konnten Sie sich auf der Reise nach Olympia sicher fühlen?*

④ *Wie lange haben Sie insgesamt trainiert?*

⑤ *Was wird Sie erwarten, wenn Sie nach diesen Spielen als Olympiasieger in Ihre Heimatstadt Athen zurückkehren werden?*

Die griechische Götterwelt

Wir erstellen eine Göttergalerie

☞ Diese Aufgabe bezieht sich auf die Seite 140.

Einige der griechischen Götter, die du kennen gelernt hast, findest du hier wieder. Es sind andere Abbildungen als in deinem Schulbuch, aber anhand ihrer Erkennungszeichen kannst du bestimmt feststellen, um wen es sich jeweils handelt.

Deine Aufgabe:

1. Notiere unter jedem Bild den passenden Götternamen.
2. Schreibe hinzu, welches Erkennungszeichen zu dieser Göttin, diesem Gott gehört.

① ______________________
② ______________________

① ______________________
② ______________________

① ______________________
② ______________________

① ______________________
② ______________________

① ______________________
② ______________________

① ______________________
② ______________________

① ______________________
② ______________________

① ______________________
② ______________________

Wir zeigen unser Wissen über die griechische Götterwelt mit der Lösung eines Rätsels

☞ Diese Aufgabe bezieht sich auf die Seiten 140 und 141.

- Bei der Lösung des Kreuzworträtsels kommt es darauf an, dass du wichtige Namen und Begriffe richtig verwendest und dir auch die Erklärungen einprägst.
- Wenn du das Rätsel richtig löst, erhältst du als Lösungswort den Namen dieses Gottes: Er schmiedet Waffen in den Feuer speienden Bergen und gilt als Gott der Schmiedekunst.

Deine Aufgabe: *Löse das Rätsel und finde das Lösungswort.*

(1) An diesen Ort reisten die Griechen, wenn sie den Rat des Gottes Apollon einholen wollten.
(2) Dieses Wort bezeichnete bei den alten Griechen einen Ort, an dem die Götter den Menschen geheimnisvolle Weissagungen übermittelten. Heute verwenden wir das Wort für einen nicht leicht zu verstehenden Ratschlag.
(3) Er ist der Gott der Jugend und wird mit einem Musikinstrument dargestellt.
(4) Diese Göttin entstieg bei ihrer Geburt dem Kopf des Zeus und trägt den Namen einer berühmten Stadt.
(5) Sie ist die Ehefrau des Göttervaters und war die Schutzgöttin der Ehen und Familien.
(6) Der Name dieser Göttin ist noch heute berühmt, weil sie die Göttin der Schönheit und der Liebe ist.
(7) Er ist der Bruder des Göttervaters und der Gott des Meeres.
(8) So bezeichnet man eine alte Sage, die von Göttern, Halbgöttern und besonderen Menschen handelt.
(9) Hier wohnen die Götter und von hier aus regieren sie die Welt.
(10) Er macht Stürme und Gewitter und ist der Vater aller Götter.

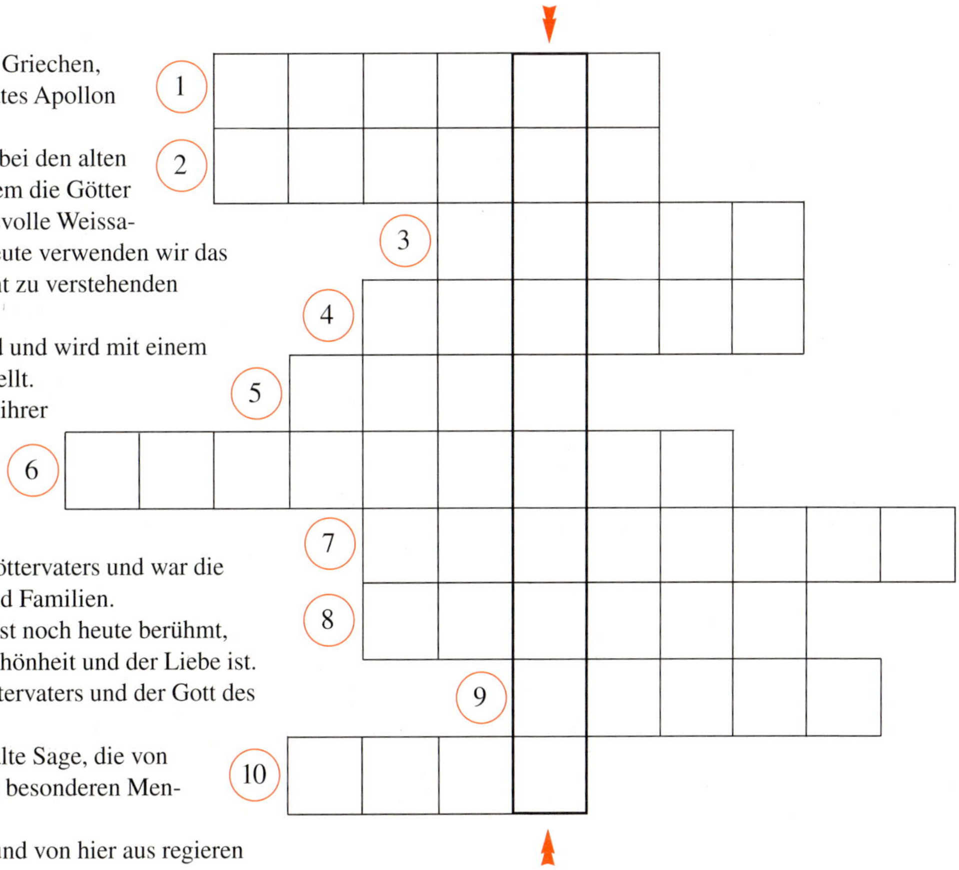

Das Lösungswort lautet:

Landweg oder Seeweg: Welche Reiseroute hättest du vor 2500 Jahren gewählt?

☞ Diese Aufgabe bezieht sich auf die Seite 146.

Deine Aufgabe:

Zeichne die Reiserouten in die Griechenlandkarte ein.
Wähle dabei nicht nur die kürzeste, sondern auch die sicherste Strecke.

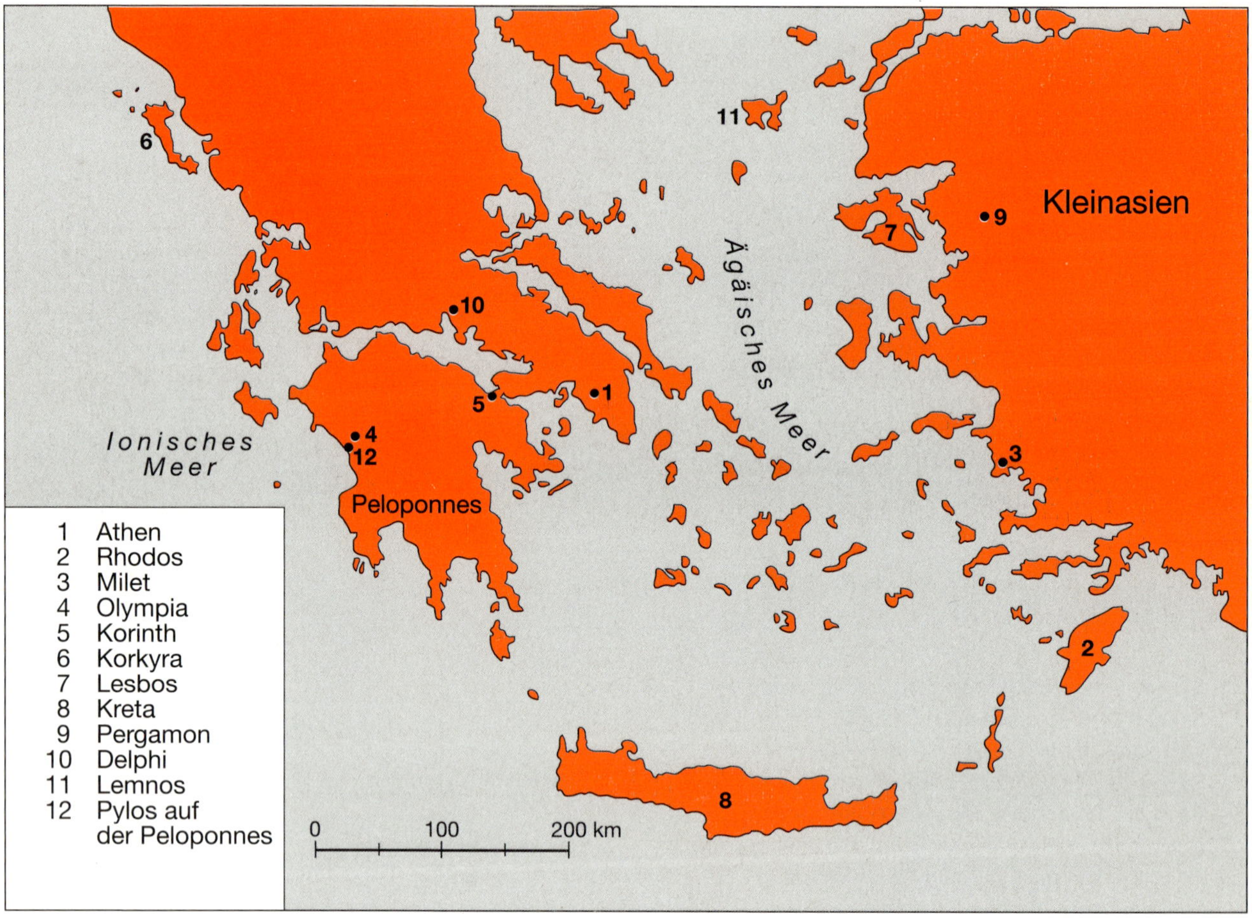

① Du bist der Kapitän des Schiffes, das im Jahr 576 v. Chr. von Athen nach Rhodos fahren soll. Zeichne die Reiseroute ein.

Meine Wegbeschreibung:

② Du bist der Sportler aus Milet (an der kleinasiatischen Küste), der zu den Olympischen Spielen reist.

Meine Wegbeschreibung:

③ Du suchst den sichersten Weg von Korinth nach Korkyra (Korfu).

Meine Wegbeschreibung:

Plane weitere Reisen und zeichne die Routen ein:
→ von Lesbos nach Kreta
→ von Pergamon nach Delphi
→ von Lemnos nach Pylos auf der Peloponnes

Griechen verlassen ihre Heimat

☞ Diese Aufgabe bezieht sich auf die Seiten 150 und 151.

Warum haben die Menschen in Griechenland vor 2500 Jahren ihre Heimat verlassen? Warum verlassen heute Menschen ihre Heimat? Zu diesen beiden Fragen sollt ihr die Gründe herausfinden, einander gegenüberstellen und dann beschreiben, wie sich die Gründe zwischen damals und heute verändert haben.

Deine Aufgabe: *Lies die beiden Seiten noch einmal aufmerksam durch und notiere die Antworten.*

In der Zeit der Kolonisation zwischen 750 und 550 v. Chr. verließen Griechen ihre Heimat, weil …

① ______________________________

② ______________________________

③ ______________________________

④ ______________________________

⑤ ______________________________

Heute verlassen Menschen ihre Heimat, weil …

① ______________________________

② ______________________________

③ ______________________________

④ ______________________________

⑤ ______________________________

Welche Gründen für das Verlassen der Heimat sind gleich geblieben? Was hat sich zwischen damals und heute verändert?

____

____

____

____

Die Entwicklung der Demokratie in Athen (1)

☞ Diese Aufgabe bezieht sich auf die Seiten 154 und 155.

Deine Aufgabe:

Schreibe in die Kästen hinein, was um die angegebene Zeit auf dem Weg zur Demokratie in Athen geschah.

Griechische Münze mit dem Kopf der Athene, der Schutzgöttin Athens

um 700 v. Chr.?

zirka 100 Jahre später (594)?

561 v. Chr.?

507 v. Chr.?

443 v. Chr.?

429 v. Chr.?

Die Akropolis von Athen (Rekonstruktion)

Die Entwicklung der Demokratie in Athen (2)

☞ Diese Aufgabe bezieht sich auf die Seiten 153 bis 157.

Auf dem Weg zur Demokratie in Athen hat es mehrere staatliche Ordnungen gegeben. Auch haben zahlreiche Personen in diesem Prozess entscheidende Rollen gespielt. Aber: Was ist was? Und: Wer ist wer? Das solltest du dir einprägen können.

Deine Aufgabe: *Ordne die Namen der Personen und die Begriffe für die staatlichen Ordnungen den dazu passenden Erklärungen zu, d.h. gib den Texten die richtige Überschrift.*

1 Monarchie		**2 Aristokratie**		**3 Demokratie**
	4 Tyrannei		**5 Solon**	
6 Peisistratos		**7 Kleisthenes**		**8 Perikles**

A ______________________

Die Griechen prägten diesen Begriff für eine Staatsform, in der der Adel die Herrschaft ausübt. Die Griechen meinten damit: Herrschaft der Besten, der Angesehensten.

B ______________________

Er war ein reicher Kaufmann und wurde 594 v. Chr. von den Athenern damit beauftragt, den Streit zwischen den Adeligen und den Bauern zu schlichten. Er ließ die versklavten Bauern frei und richtete Volksgerichte und die Volksversammlung ein.

C ______________________

Ein Adeliger führte diese Herrschaftsform 561 v. Chr. in Athen ein, indem er die Alleinherrschaft übernahm. Heute bezeichnet der Begriff eine Staatsform, in der ein Einzelner oder eine kleine Gruppe die Herrschaft ausübt und das Volk unterdrückt.

D ______________________

In seiner Herrschaftszeit wurden zum ersten Mal Geldzahlungen an Ratsherren und Richter in Athen eingeführt, die so genannten Diäten. So konnten es sich auch die unteren Schichten erlauben, ein politisches Amt zu übernehmen. Seine Zeit gilt als die Glanzzeit Athens.

E ______________________

Wörtlich übersetzt heißt der Begriff „Herrschaft des Volkes“. Diese politische Ordnung wurde im alten Athen entwickelt. Hier hatte das Volk das Recht zu bestimmen, was in der Politik passiert. Mit „Volk“ bezeichneten die Griechen allerdings nur die freien und männlichen Bürger.

F ______________________

Mit einer List gelang es ihm 561 v. Chr. die Macht an sich zu reißen. Er verwundete sich selbst, um eine Leibwache zur Verfügung gestellt zu bekommen. Mit dieser Leibwache eroberte er dann die Alleinherrschaft in Athen.

G ______________________

Er vertrieb 510 n. Chr. die Alleinherrscher aus Athen und machte die Volksversammlung zum wichtigsten Entscheidungszentrum. Er schuf eine Ordnung, die vielen Menschen die Teilnahme an der Politik ermöglichte.

H ______________________

So bezeichneten die Griechen die Königsherrschaft. Der König wurde damals von seinen Adeligen beraten. Um 700 v. Chr. gelang es den Adeligen in Athen, die Könige zu vertreiben.

Die Volksversammlung in Athen tagt

☞ Diese Aufgabe bezieht sich auf die Seite 180.

Die Textstücke auf dieser Seite schildern einen Tag im Winter 416 v. Chr, an dem in Athen die Volksversammlung tagte. Doch leider sind die Stücke durcheinander geraten.

Deine Aufgabe: *Bringe die Textbruchstücke in die richtige Reihenfolge, damit du den Ablauf einer Volksversammlung im antiken Athen richtig wiedergeben kannst.*

Textstück Nr. _____

Wer das Wort ergreifen will, lässt sich in die Rednerliste eintragen.

Textstück Nr. _____

Der Beschluss der Volksversammlung wird von einem Sklaven in Stein gemeißelt, sodass jeder Bürger Athens sich darüber informieren kann.

Textstück Nr. _____

Jeder, der sich in die Rednerliste hat eintragen lassen, hält seine Rede zum Thema des Tages.

Textstück Nr. _____

Der Vorsitzende aus dem Rat der 500 tritt nach vorne und verkündet die Tagesordnung.

Textstück Nr. _____

Die Männer verlassen die Pnyx und strömen heftig weiter diskutierend auf die Plätze und in die Gassen der Stadt.

Textstück Nr. _____

6000 Männer – allesamt freie Bürger Athens – füllen die Pnyx, den halbrunden Platz der Volksversammlung.

Pnyx

Textstück Nr. _____

Ein Tier wird geopfert, um den Beistand der Götter zu erbitten.

Demokratie und Sklaverei

☞ Diese Aufgabe bezieht sich auf die Seiten 158 und 159.

Die beiden Zeichnungen zeigen ein Mädchen und einen Jungen, die um das Jahr 500 v. Chr. als Sklaven in einem Bergwerk in der Nähe von Athen arbeiten mussten. Versucht einmal, euch in das Leben des Mädchens oder des Jungen hineinzuversetzen. Was könnten sie uns über ihr bisheriges Leben erzählen (was bisher in ihrem Leben passiert ist, was sie tagaus, tagein tun, wovor sie Angst haben, was sie sich wünschen)?

Deine Aufgabe:

Versetze dich in eines der beiden Kinder und schreibe seine Lebensgeschichte auf.

Sparta: Was ist das für ein Stadtstaat?

☞ Diese Aufgabe bezieht sich auf die Seiten 160 bis 163.

Deine Aufgabe:

Lies die Materialien über „Sparta – die völlig andere Stadt“ durch und fülle dann das Protokollblatt aus (für diese Aufgabe könnt ihr auch die Arbeit aufteilen).

Protokollblatt: Sparta

Kriterien:	**Untersuchungsfragen:**
1 Macht 	Wer hatte die Macht in Sparta, wer nicht?
2 Freiheit 	Wer genoss Freiheit, wer nicht?
3 Rechtliche Gleichheit 	Gab es gleiche Rechte unter allen Gruppen in Sparta oder nicht?
4 Gleichberechtigung 	Gab es Gleichberechtigung zwischen Frauen und Männern oder nicht?
5 Erziehung 	Wie wurden die Mädchen, wie die Jungen erzogen?

Zwei geheimnisvolle Figuren aus Sparta

☞ Diese Aufgabe bezieht sich auf die Seiten 161 und 162.

Stelle dir einmal die folgende Situation vor: Du bist zu Besuch in Griechenland und befindest dich gerade an dem Ort, an dem einst der Stadtstaat Sparta stand. Du schaust einer Gruppe von Altertumsforschern bei ihren Grabungen zu. Plötzlich halten die Wissenschaftler zwei Statuen in der Hand, die sie soeben entdeckt haben. Doch sie können gar nichts mit den beiden Figuren anfangen. Kannst du die Geheimnisse der beiden Figuren lösen?

Deine Aufgabe:

Hilf den Forschern bei der Beantwortung ihrer Fragen.

„Was ist das für eine Statue? Wann ist sie entstanden? Warum ist die Figur so verhüllt? Warum umklammert eine Hand den Schwertgriff? Welche Wirkung sollte wohl von dieser Figur ausgehen?“

„Welche Tätigkeit übt diese Frau wohl gerade aus? Warum ist sie so leicht bekleidet? Warum wirkt sie so kräftig? Was erzählt sie uns über die Rolle der Frauen in Sparta?“

Die große Zeit der Griechen im Quiz

☞ Diese Aufgabe bezieht sich auf das gesamte Kapitel.

Bei dem folgenden Quiz kannst du 1000 Expertenpunkte erreichen (die Punktzahl auf den Karten gibt an, wie viel Punkte du nach Beantwortung der jeweiligen Frage insgesamt bis dahin erreicht hast). Voraussetzung dazu ist, dass du alle Fragen der Reihe nach vollständig beantwortest. Wenn du dir bei der Beantwortung unsicher bist, kannst du zweimal die Jokerkarte setzen und dann diese Fragen überspringen. So gelangst du mit zwei Aussetzern trotzdem ans Ziel. Es darf aber keine Frage falsch beantwortet werden. In diesem Fall behältst du die bis dahin angesammelte Punktzahl und scheidest aus. Nach erneutem Üben kannst du noch einmal an dem Quiz teilnehmen. Ihr könnt das Quiz vor der Klasse vorspielen.

Start

Frage 1: *1 Expertenpunkt*

Wo fanden im antiken Griechenland alle vier Jahre die berühmtesten sportlichen Wettkämpfe statt?

(A) in Olympia (B) in Delphi

Frage 2: *2 Expertenpunkte*

Welchen Namen hat der Vater der Götter?

(A) Poseidon (B) Zeus

Frage 10: *300 Expertenpunkte*

Was ist die Pnyx?

(A) Eine Philosophenschule im alten Athen
(B) Die Bühne in einem griechischen Theater
(C) Ein Versammlungsgebäude in Sparta
(D) Der Platz der Volksversammlung in Athen
(E) Ein heiliger Berg auf der Peloponnes

Frage 11: *500 Expertenpunkte*

Welche Bezeichnung verwendet man für den Krieg zwischen Athen und Sparta zwischen 431 und 404 v. Chr, der zum Niedergang Athens führte?

(A) Der Peloponnesiche Krieg
(B) Der Krieg bei den Thermopylen
(C) Der Krieg bei Marathon
(D) Der Perserkrieg
(E) Der Krieg von Issos

Frage 9: *150 Expertenpunkte*

Wie hieß der Staatsmann, zu dessen Lebenszeit das antike Athen prachtvoll ausgebaut wurde und den Höhepunkt der Demokratie erlebte?

(A) Solon (B) Peisistratos
(C) Kleisthenes (D) Perikles
(E) Alkibiades

Frage 12: *1000 Expertenpunkte*

Wie hießen die völlig rechtlosen Landarbeiter im Herrschaftsgebiet der Spartaner?

(A) Periöken
(B) Ephoren
(C) Pharaonen
(D) Heloten
(E) Zyklopen
(F) Metöken

Frage 3: ***5 Expertenpunkte***

Welche Bezeichnung verwendeten die Griechen für ihre Stadtstaaten?

(A) Akropolis (B) Polis (C) Kolonie

Frage 4: ***10 Expertenpunkte***

Welche politische Ordnung, auf die wir heute noch sehr stolz sind, erfanden die Athener vor etwa 2500 Jahren?

(A) Die Monarchie
(B) Die Demokratie
(C) Die Aristokratie

Frage 5: ***15 Expertenpunkte***

Wie hieß der berühmte Fabeldichter, der vor 2500 Jahre lebte und heute noch bekannt ist?

(A) Aristoteles
(B) Archimedes
(C) Äsop

Frage 6: ***20 Expertenpunkte***

Auf welcher Mittelmeerinsel fanden Altertumsforscher die ältesten Ruinen aus dem Siedlungsraum der Griechen?

(A) Kreta
(B) Zypern
(C) Sizilien

Frage 7: ***50 Expertenpunkte***

Wie heißt die Ehefrau des Göttervaters, die auch die Schutzgöttin der Ehe und der Familien ist?

(A) Athene (B) Aphrodite
(C) Hera (D) Artemis

Frage 8: ***100 Expertenpunkte***

Wie heißt der älteste Dichter Griechenlands, der uns die Geschichte vom Kampf um Troja überliefert hat?

(A) Homer (B) Hektor
(C) Agamemnon (D) Achill

Die Römer

Die Gründung Roms: Wir unterscheiden Sage und Wirklichkeit

☞ Diese Aufgabe bezieht sich auf die Seiten 192 und 193.

Wenn man über die Gründung Roms spricht, vermischen sich oft Sage und Wirklichkeit. Die Aussagen in der Sage über die Gründung Roms müssen nicht völlig falsch sein. Allerdings gibt es dafür keine Beweise. Anders verhält es sich mit der Wirklichkeit. Dazu zählen wir nur die Fakten, welche die Geschichtsforschung eindeutig herausgefunden hat. Ihr seid Expertinnen und Experten für die Gründung Roms.

Eure Aufgabe:

1. *Ermittelt und notiert für jede der Aussagen, ob sie ins Reich der Sage oder der Wirklichkeit gehört.*
2. *Erzählt dann mithilfe der Bronzefigur der römischen Wölfin die Sage von der Gründung Roms in einem kleinen Vortrag.*

	Aussage über die Gründung Roms	Sage oder Wirklichkeit?
1	Um 1000 v. Chr. ließ sich das Volk der Latiner an der Stelle Roms nieder und baute eine Siedlung, die aus einfachen Hütten bestand.	
2	An der Stelle, an der sich heute die Stadt Rom befindet, wurden die im Korb ausgesetzten Königskinder Romulus und Remus an Land gespült.	
3	Eine Wölfin entdeckte die beiden Kinder und ernährte sie mit ihrer Milch.	
4	Um 900 v. Chr. wanderte das Volk der Etrusker in die Gegend Roms ein und sicherte sich bis 600 v. Chr. die Herrschaft über Latium.	
5	Um 600 bauten die Etrusker das Forum. Das werten die Historiker als ein Zeichen dafür, dass hier ein Stadtzentrum entstand.	
6	Romulus und Remus wurden von einem Hirten großgezogen und beschlossen gemeinsam eine Stadt zu gründen.	
7	Der Name der Stadt Rom leitet sich wahrscheinlich von dem etruskischen Geschlecht der Romulier ab.	
8	Die Zwillinge stritten über den richtigen Standort für die neue Stadt. Im Verlauf dieses Streites tötete Romulus seinen Bruder Remus.	
9	Um das Jahr 500 v. Chr. entstand die römische Republik mit der Stadt Rom als Zentrum.	
10	753 v. Chr. gründete Romulus die nach ihm benannte Stadt. Daher sagen wir heute noch 7 – 5 – 3: Rom kroch aus dem Ei.	

Hannibal vor den Toren Roms

☞ Diese Aufgabe bezieht sich auf die Seiten 196 und 197.

Die Römer haben im Verlauf von 500 Jahren zahlreiche Kriege geführt. Ein Beispiel dafür sind die drei punischen Kriege gegen Karthago, die 264 v. Chr. begannen und erst im Jahr 146 v. Chr. mit der endgültigen Zerstörung Karthagos endeten. Einer der großen Politiker und Feldherren in dieser Zeit war der Karthager Hannibal.
Wir stellen uns vor, dass der folgende Text von dem Römer Marcus Minimus geschrieben wurde. Als Römer konnte er wohl den Karthager Hannibal nicht besonders gut leiden. Wahrscheinlich sind deshalb in seinem Text zahlreiche Angaben falsch dargestellt.

Deine Aufgabe:

1. Finde die Fehler in der Darstellung des Marcus Minimus.
2. Notiere, wie der Text richtig lauten müsste.

Der Römer Marcus Minimus schreibt über Hannibal (und macht dabei 7 Fehler):

„Dieser Hannibal war gerade 15 Jahre alt, als er im Jahre 221 v. Chr. karthagischer Feldherr wurde. Dreist wie er war, griff er im Jahre 218 zuerst Ägypten an, wurde aber zurückgeschlagen. Richtig schlimm wurde dieser Hannibal aber erst, als er mit 50000 Soldaten, 9000 Reitern und 37 Kriegsnashörnern über die Alpen auf Rom marschierte. Wir Römer waren damals sehr entsetzt, weil so etwas noch nie vorgekommen war. Viele Schlachten wurden geschlagen. Allein bei Cannae verloren wir Römer 70000 Mann. Angst ging um in Rom: ‚Hannibal vor den Aquädukten'! Aus Verzweiflung wurden alle Brücken Roms zerstört, um Hannibal am Betreten der Stadt zu hindern. Aber Hannibal hatte offenbar kein Interesse an Rom. Er zog mit seinen Truppen weiter nach Süditalien, wo er zwei Jahre Urlaub machte. Dann ging der Krieg unter großen Verlusten weiter. Weil der Römer Scipio karthagische Truppen in Ägypten angriff, musste Hannibal nach Karthago zurückkehren und wurde bei Zama besiegt. Obwohl wir Römer eigentlich einen ziemlichen Hass auf die Karthager hatten, haben wir uns doch großzügig gezeigt und 50 Jahre später viel Geld in den Wiederaufbau der Stadt Karthago gesteckt."

Die falschen Stellen müssen richtig so lauten:

Cynthia aus Korinth erzählt: Wie rechtfertigen die Römer ihre Kriege?

☞ Diese Aufgabe bezieht sich auf die Seiten 198 und 199.

Im Buch hast du die vierzehnjährige Cynthia aus der griechischen Stadt Korinth kennen gelernt. Sie hat den Krieg der Römer gegen ihre Heimatstadt im Jahr 146 v. Chr. erlebt. Ihr könnt in die Rolle dieser Griechin schlüpfen und erzählen, welches Leid sie erlebt hat und wie man damals über die Notwendigkeit von Kriegen dachte.

Deine Aufgabe:

1. *Schreibe die Gedanken der Cynthia zu Ende.*
2. *Trage deine Rede vor der Klasse in der Rolle der Cynthia möglichst frei vor.*

Heute will ich aufschreiben, welches Leid der Krieg vor zwei Jahren über die Menschen gebracht hat und wie ich über die Notwenigkeit von Kriegen denke. Meine Heimatstadt Korinth erlitt folgendes Schicksal:

Jetzt erzähle ich euch, was meinen Eltern passiert ist:

So kam ich als Sklavin in eine römische Familie:

Die Römer haben mehrere Gründe, aus denen heraus sie immer wieder Krieg führen, nämlich:

Für die Römer besteht der Unterschied zwischen einem gerechten und einem ungerechten Krieg darin, dass …

So denke ich selbst über die Notwendigkeit von Kriegen:

Streit um die Macht in Rom

☞ Diese Aufgabe bezieht sich auf die Seiten 200 bis 202.

Wer soll an der Macht im Staat beteiligt sein? Das war damals und heute eine Frage von großer Bedeutung. Jedenfalls hat es unter den alten Römern über diese Frage immer wieder Streit gegeben. Wir lassen hier den Plebejer Grosus Mundus zu Wort kommen. Er versteht sich als ein Vertreter der „kleinen Leute“ oder, wie man sagt, des „Mannes von der Straße“. Grosus Mundus hat eine Schule besucht und im Geschichtsunterricht gut aufgepasst. Er berichtet uns über die Vergangenheit und die aktuelle Situation des einfachen Volkes von Rom. Wir befinden uns im Jahr 280 v. Chr.

Deine Aufgabe: *Vervollständige die Ansprache des Plebejers Grosus Mundus.*

Es ist doch immer dasselbe: Die Reichen machen, was sie wollen in der Politik und wir Plebejer haben nichts zu sagen. Das war schon vor über 200 Jahren so, als der letzte etruskische König gestürzt wurde. Damals bekam unser Stadtstaat die Bezeichnung res publica, was bedeutet, dass er allen Menschen gemeinsam gehören sollte, aber in Wirklichkeit sah damals die Situation der Patrizier folgendermaßen aus und uns Plebejern ging es damals so:

____

____

____

____

____

Zugegeben, im Laufe der Jahre hat es für uns einfache Leute einige Verbesserungen gegeben. Die mussten aber von uns hart erkämpft werden. Hätten wir nicht ein Druckmittel in der Hand gehabt, so hätten wir heute wahrscheinlich noch keine politischen Rechte und keine ordentlichen Gesetze. Unser wichtigstes Druckmittel will ich euch verraten und auch ein paar Verbesserungen in unseren Rechten, die wir bis in die jüngste Vergangenheit durchsetzen konnten:

____

____

____

____

____

Heute, sieben Jahre nachdem wir Plebejer auch Gesetze beschließen können, hat sich im Bereich der Machtverteilung einiges in Rom verändert. Insgesamt sehe ich heute die Machtaufteilung zwischen dem Adel, also den Patriziern, und uns Plebejern so:

____

____

____

____

____

____

Wer war Julius Caesar?

Diese Aufgabe bezieht sich auf die Seiten 205 bis 207.

Julius Caesar gehört ohne Zweifel zum Kreis der bekanntesten Persönlichkeiten der Geschichte. Im Buch könnt ihr euch mit seinem Leben und seinem Tod auseinander setzen. Im Rahmen eurer Arbeit am Mordfall Caesar wird es hilfreich sein, wenn ihr diese Seite vervollständigt.

Eure Aufgabe:

1. Vervollständigt die Mind Map.
2. Erklärt, was das Bild zeigt und was in den Personen auf dem Bild vorgehen könnte.

Wer war Julius Caesar? **Warum wurde er ermordet?**

Wer waren die Täter und ihre Motive? **Wie geschah der Mord?**

Der Prinzipat – die neue Ordnung in Rom

☞ Diese Aufgabe bezieht sich auf die Seite 209.

Das Schaubild zeigt die Ordnung in der von Augustus neu geschaffenen Regierungsform des Prinzipats. Wenn ihr die folgenden Fragen beantwortet, werdet ihr die Machtverhältnisse in Rom zu Beginn der Kaiserzeit besser verstehen und dieses Schaubild erklären können.

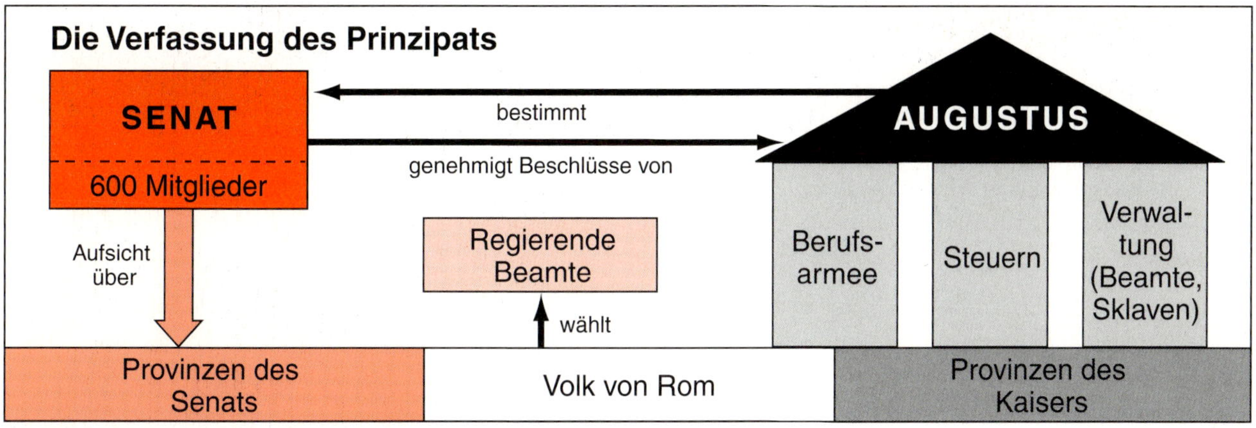

1. Augustus bezeichnet sich selbst als „princeps senatus“, also als erster der ansonsten gleichberechtigten Senatoren. Ist diese Bezeichnung wirklich zutreffend? Wie verdeutlicht das Schaubild die Machtstellung des Augustus?

2. Augustus musste seine Beschlüsse vom Senat genehmigen lassen. Man könnte meinen, dass seine Macht dadurch eingeschränkt war. Tatsächlich waren die Verhältnisse aber anders, denn …

3. In der heutigen Zeit sind die Politiker von der Meinung der Bevölkerung abhängig, denn sie müssen sich ja immer wieder zur Wahl stellen. War die Macht des Augustus auch vom Willen des Volkes abhängig: ja oder nein? Begründung!

4. Das Volk brauchte sich aber dennoch nicht politisch machtlos zu fühlen, denn …

Wie festigt Augustus seine Alleinherrschaft?

☞ Diese Aufgabe bezieht sich auf die Seiten 208 bis 211.

Im Buch habt ihr erfahren, dass mit Augustus eine neue Ordnung im Römischen Reich geschaffen wurde. Mit ihm endete das Zeitalter der Republik und es begann die Kaiserzeit.
Augustus ist eine der wichtigsten Persönlichkeiten in der römischen und der europäischen Geschichte. Im Alltag werden wir an ihn erinnert, weil immerhin ein Monat nach ihm benannt ist. Was ging in diesem Mann vor?
Um diese Frage zu beantworten, könnt ihr hier selbst in die Rolle des Augustus schlüpfen. Stellt euch vor, ein Reporter habe ihm die folgenden Fragen gestellt.
Wie könnte Augustus geantwortet haben?
Das könnt ihr herausfinden, in dem ihr zu den Fragen die passenden Antworten sucht.

Euer Auftrag:

Ordnet den Fragen die richtigen Antworten zu und stellt euch als Augustus – entweder in der Form eines Interviews oder in einer freien Rede – vor der Klasse vor.

1 Wie haben Sie vom Tod des Julius Caesar erfahren?

2 Wie haben Sie die Zeit zwischen Caesars Tod und ihrer eigenen Machtübernahme verbracht?

3 Heute sagen wir, dass mit Ihnen die Kaiserzeit beginnt. Warum haben Sie nicht die alte Republik wiederhergestellt?

4 Caesar wurde ermordet, weil er nach zu viel Macht gestrebt hat. Ihnen hat der Senat von Rom wenige Jahre später praktisch die Alleinherrschaft angeboten? Wie ist so etwas möglich?

5 Über 40 Jahre hat Ihre Herrschaft in Rom gedauert. Sehen Sie sich eher als Kriegsherren oder als Friedensstifter?

6 Unter Ihrer Herrschaft hatte das Volk viel weniger Macht als in der Zeit der Republik. Trotzdem hat das Volk Sie kaum kritisiert. Wie haben Sie das geschafft?

A

„Als ich nach Rom zurückgekehrt war und meine Rede vor den 600 Mitgliedern des Senats hielt, gab ich bekannt, dass ich alle Macht niederlegen wollte. Die Senatoren bedrängten mich daraufhin, die Alleinherrschaft zu übernehmen. Ich nehme an, sie hatten genug von den Morden und den Streitigkeiten. Sie bewunderten mich wegen meiner militärischen Erfolge. Ich gewann ihr Vertrauen, indem ich ihnen die Aufsicht über die meisten Provinzen überließ. Sie gaben mir den Ehrentitel ‚Augustus', was ‚der Verehrungswürdige' heißt, und ich nahm ihn gerne an."

B

„Ich sehe mich ohne Zweifel als Friedensbringer. Aus diesem Grund habe ich auch einen Friedensaltar errichten lassen. Es waren zwar viele Kämpfe notwendig, bis ich meine politischen Gegner ausgeschaltet hatte; als ich dann aber an die Macht kam, war auch die Zeit der Bürgerkriege beendet. Als meinen größten Erfolg sehe ich an, dass ich mit der Verfassung des Prinzipats Rom eine feste Ordnung gegeben habe."

C

„Ich habe mehrfach daran gedacht, die alte Republik wiederherzustellen. Ich habe das auch dem Senat angeboten. Aber ich glaube, das Volk von Rom und auch der Senat wollten damals gar keine Mitbestimmung. Mir war das natürlich recht. In der Zeit der Republik hatte es viel Streit gegeben. Vielleicht hätte ich das gleiche Schicksal erlebt wie Caesar. Und: Wenn man einmal die Macht hat, gibt man sie nicht gerne wieder her."

D

„Ich habe immer darauf geachtet, dass ich als Mann des Volkes gelte. Unter meiner Herrschaft erhielten die Bürger Roms regelmäßig kostenlose Getreidespenden. Auf die Unterstützung des Heeres konnte ich mich verlassen. Ich habe immer vermieden, mich in der Öffentlichkeit als Alleinherrscher darzustellen. Für die Öffentlichkeit war ich nicht der Kaiser, sondern der Prinzeps, also der Erste unter den Gleichen. Außerdem brauchte sich das Volk nicht machtlos zu fühlen. Die Verfassung gab ihm ja das Recht, die regierenden Beamten zu wählen."

E

„In seinem Testament hatte Caesar verkündet, dass er mich als seinen Sohn adoptiert und mich zum Haupterben seines Vermögens macht. Damit war mir klar, dass ich ihm nacheifern wollte. Ich verfolgte die Attentäter Caesars und ließ sie töten. Danach besiegte ich den Republikaner Antonius in der Schlacht bei Actium. Dieser beging danach Selbstmord wie übrigens auch seine Geliebte Kleopatra. Ich machte Ägypten zur römischen Provinz. Als vom Volk hoch verehrter Mann zog ich in Rom ein."
(Das war im Jahr 31 v. Chr.)

F

„Ich erfuhr davon durch einen Brief meiner Mutter aus Rom. Ich war damals 19 Jahre alt und besuchte die Philosophenschule in Illyrien (heutiges Jugoslawien). Die Nachricht, dass mein Großonkel Julius Caesar von seinen engsten Freunden ermordet worden war, hat mich damals völlig schockiert."

Deine 2. Aufgabe:

Natürlich dachte Augustus vor 2000 Jahren anders über eine politische Alleinherrschaft als wir das heute tun. Eines der wichtigsten Ziele einer modernen Demokratie besteht ja gerade darin, die Alleinherrschaft eines Einzelnen zu verhindern. Schreibe auf, wie du aus heutiger Sicht über die Gefahren einer Alleinherrschaft denkst.

Leben im alten Rom: Was gab es? Was gab es nicht?

☞ Diese Aufgabe bezieht sich auf die Seiten 218 bis 225.

Angenommen, dass …
Im Internet sind wir auf einen Text gestoßen, von dem es heißt, es handele sich dabei um einen Originaltext aus dem Jahr 12 n. Chr. Als Autor wird der griechische Geograf Strabon (63 v. – 20 n. Chr.) angegeben. Strabon hat nachweislich in dieser Zeit Rom besucht und seine Eindrücke von der Stadt aufgeschrieben. Wir sind allerdings unsicher:

Ist die Quelle echt oder handelt es sich um eine Fälschung?

Eure Aufgabe:

Als Expertinnen und Experten zum Thema „Alltag in Rom" sollt ihr herausfinden, was richtig und was falsch in diesem Text ist. Am Ende sollt ihr eurer Gutachten aufschreiben.

„In Rom sind die Wassermengen, die durch die Aquädukte der Stadt geführt werden, so groß, dass ganze Flüsse durch die Stadt und die unterirdischen Kanäle strömen, dass nahezu jedes Haus Wasserbehälter und Wasserleitungen hat und reichlich sprudelnde Brunnen besitzt. Im Zentrum der Stadt hat man mehrere über zwanzigstöckige Hochhäuser errichtet, die bereits mit Personenaufzügen ausgestattet sind. Unter anderem haben Caesar und Augustus die Stadt mit wunderschönen Bauwerken ausgestattet, von denen sich die meisten auf dem Marsfeld befinden. Hier befindet sich auch das Mausoleum des Perikles, der als ein großer Sohn der Stadt von den Römern hoch verehrt wird. Die meisten Bauwerke hat das Marsfeld aufzuweisen. Allein die Größe des Feldes fordert Bewunderung heraus: ermöglicht sie doch die Abhaltung von Wagenrennen und sonstigem Pferdesport. Weitere auffällige Gebäude in der Stadt sind das Kolosseum und die Akropolis. Hier kann das einfache Volk Wagenrennen, Gladiatorenkämpfe und Tierhetzen genießen. Ein kaiserliches Gesetz bestimmt allerdings, dass bei diesen Veranstaltungen niemals Blut fließen darf. In der Nähe des Flusses Themse befindet sich der Circus Maximus. Hier finden Circusveranstaltungen statt, die sich das einfache Volk nicht leisten kann, weil der Eintritt zu teuer ist. In den Außenbezirken der Stadt befinden sich mehrere öffentliche Badeanstalten, so genannte Thermen. Hier kann man sich erholen, Sport treiben und die dort vorhandenen Bibliotheken nutzen. Einmal im Jahr finden dort die römischen Meisterschaften im Schwimmen und im Turmspringen statt. Kommt man dann wieder ins Zentrum der Stadt, so kann man noch den alten Markt, die königlichen Basiliken und Tempel und das Forum Romanum besichtigen, wo sich wichtige Behörden, die Gerichte und der Sitz des Senats befinden."

Gutachten

Diese Quelle kann echt bzw. nicht echt sein, weil ...

① ______________________________

② ______________________________

③ ______________________________

④ ______________________________

⑤ ______________________________

⑥ ______________________________

____
(Unterschrift der Gutachterin / des Gutachters)

Römische Reliefs erzählen Geschichte(n) (1)

☞ Diese Aufgabe bezieht sich auf das gesamte Kapitel.

Die acht römischen Kunstwerke auf dieser und der nächsten Seite könnt ihr im Buch über das gesamte Kapitel verteilt finden. Mit Ausnahme der Statue rechts oben handelt es sich dabei um Reliefs, also um Darstellungen, die sich plastisch von einem flachen Hintergrund abheben. Wer sie genau betrachtet, kann viel über die damalige Zeit erfahren. Ihr könnt euch darauf einigen, dass jeder von euch eine bestimmte Anzahl dieser Kunstwerke für sich auswählt und bearbeitet.

Eure Aufgabe:

1. *Beschreibt möglichst genau, was dargestellt ist.*
2. *Formuliert eine Antwort auf die Frage, die beim Kunstwerk steht.*
3. *Stellt eure ausgewählten Reliefs in der Klasse vor.*

S. 210
Die berühmte Statue zeigt einen der bedeutendsten römischen Staatsmänner. Was wisst ihr über ihn? Wie wollte er gesehen werden?

S. 199
Römische Soldaten waren gut ausgestattet und ausgebildet. Wie sahen die Römer die Notwendigkeit von Kriegen?

S. 217
Sklaven bei der Arbeit: Was könnt ihr über ihre Lebensbedingungen erzählen?

S. 228
Römische Kinder gingen auch zur Schule. Wie sah ein üblicher Schultag aus?

Römische Reliefs erzählen Geschichte(n) (2)

S. 227

Das Relief ermöglicht uns einen Blick in das Privatleben der Römer. Wie waren die Rollen zwischen Mutter, Vater, den Kindern und den übrigen Familienmitgliedern aufgeteilt?

S. 230

Römische Kinder kannten eine Reihe von Spielen. Kannst du eines oder mehrere vorstellen?

S. 238

Das Relief zeigt einen Gott, der ursprünglich nicht zur Götterwelt der Römer gehörte. Wie konnten im 2. Jahrhundert n. Chr. neue Religionen Einzug in Rom halten?

S. 240

Ab Mitte des 3. Jahrhunderts war es mit der Ruhe an den Grenzen vorbei.
Was erzählt dieses Relief vom Untergang des Römischen Reiches?